新 日本語教育 시리즈 ②

分論的 考察로 본
「하다 동사」와 「する動詞」

金愛東 著

지식과교양

머리말

　통어적인 면에서 「하다」와 「する」와의 차이점은 한국어의 「하다」가 타동사로서의 용법밖에 없지만, 일본어의 「する」에는 타동사와 동사로서의 용법도 존재한다는 것을 확인할 수 있다.

　또한, 「하다/する」가 명사와 결합할 때에도 격조사의 개입이 가능하다. 이 중 「~을/를 하다 · ~をする」의 대응은 대표적 대응 관계이다. 착용을 표현하는 경우나, 직업이나 지위, 업종 등을 표현하는 명사와 결합하는 경우에도 양어의 「하다」와 「する」와의 공통된 용법을 보였다. 한편, 서로 대응하지 않는 경우는 생리적 현상을 나타내는 표현을 들 수 있다.

　「하다 동사」와 「する동사」의 결합도를 「을/를」과 「を」에 의해 분리 가능성을 검증해 보며 한국어에서는 「을/를」에 의한 분리 가능성이 높은 것에 비해 일본어에서는 「を」격의 개입을 허락하지 않는 제약이 한국어 보다 강한 경향이 있다. 이것은 한국어의 「하다」가 타동사의 성격이 강한 결과라고도 해석할 수 있다.

　본서에서 괄목할 만한 연구 결과로는 「迷惑する」의 용법이다.

「迷惑する」는 「する, 受ける, 与える」 등이 접속할 수 있는 한자 어이다.

그러나 「影響する」에서 「する」가 「与える」라는 동사로 바꿀 수 있는 것에 비해서 「迷惑する」에서는 「受けた」를 대신하고 있다.

이와 같이 한자어에 「하다」 와 「する」 가 접속하여 단순히 동사 를 만든다고 하지만 이와 같은 동작이 행해지는 방향의 반대 용법 은 일본어가 능숙한 일본어 학습자도 바른 용법을 사용하기 어렵 다. 즉 「する」는 단지, 명사 등에 접속해서 동사화 하는 것 뿐이 아 니고, 그 문장의 구성 요소인 보어와의 관계를 나타내는 역할을 담 당하고 있음을 알 수 있다.

「やる」가 속어적이라는 지적은 「する」와 비교해 회화에서 많이 사용되는 것에 기인한 것으로 볼 수 있다. 그러나 「やる」는 「する」 의 의미·용법과 많은 차이를 보인다. 가장 뚜렷한 차이로는 과정 의 의미를 가지고 있는 진행을 나타낼 때에는 「やる」의 용법만이 적합한 것이라고 결론 지을 수 있다. 즉 「する」에 없는 「やる」의 독자성이 있기 때문에 「やる」가 속어적이라기 보다도 「する」에 비해 회화체로 많이 쓰이는 뜻으로 이해할 수 있다.

한·일 양어는 같은 의미의 명사라 하더라도 각각의 언어가 동사성 여부의 판단의 기준은 반드시 일치하지 않으며 또 같은 동사성 명사를 선행 요소로 하더라도 「하다」와 「する」가 반드시 서로 대응하지 않는다.

이는 양어의 「하다」와 「する」가 선행 요소의 가능 여부의 판단은 각각 양어의 관용에 의하기 때문에 문법적인 기능만으로는 판단할 수 없는 경우가 있기 때문이다.

이러한 한일양어의 문형을 대조하여 익히면 母語의 간섭을 피하여 한국어를 모어로하는 일본어 학습자에게 일본어 습득에 효과가 있을 것으로 기대된다.

金 愛 東

차례

分論的
考察로 본
「하다 동사」와
「する動詞」

제1장
서 론

외국어를 구사하는 데에는 하나하나의 단어의 의미와 용법을 익히고 그 단어들을 연관시켜가는 여러 가지 관계를 습득해 간다. 그러나 외국어 다운 외국어를 구사하기까지에는 어려움이 많다. 즉, 일본어 다운 일본어를 구사하기 위해 일본어를 습득하면 할수록 누구나 통감하는 일일 것이다.

한국어와 일본어는 매우 유사한 언어로 대조 연구도 활발하게 진행되고 있다.

따라서, 대조 연구라고 하는 관점에서 본 연구는 의의가 있다. 특히 한국어와 일본어와의 대조 연구는 영어 등의 다른 외국어와의 대조 연구와는 다른 성과를 기대할 수 있다. 또, 다른 나라와 비교해서 일본어 학습자가 세계에서 가장 비율이 높은 한국은 일본어 교육의 입장에서도 일본어와 한국어와의 비교 대조 연구는 매우 중요한 연구 중의 하나이다.

한국어와 일본어의 공통점으로는 만주어, 퉁구스어, 터키어와 같은 계통인 알타이어족이고 교착어[1]이다. 어순 또한 SOV(주어+목적어+술어)이고, 알타이어족의 특징인 모음조화 현상이 있다.

차이점으로 한국어는 음소문자[2]인 반면, 일본어는 음절문자이다. 또한 한국어는 폐음절(개음절도 포함) 언어이고, 일본어는 개음절 언어이며, 한국어는 장단음의 구별이 없지만 일본어는 장단음이 구별된다.

服部(1968)는 「일본어의 계통에 관한 논문 집필을 의뢰받을 때마다 먼저 한국어를 언급하지 않으면 안되고, 알타이어를 연구할 때에도 일본어와의 관계의 교량 역할을 하는 언어로써 언제나 한국어를언급하지 않을 수 없었다. 일본어와의 사이에 친족 관계는 아직 증명되지는 않았지만, 그 구조가 놀라울 정도로 일본어와 닮아 있는 것을 기회가 있을 때마다 사람들에게 이야기해 왔다. 명사에 조사가 붙는다는 점, 어순이 일본어와 똑같다는 점, 경어법이 있다는 점 등 유사점이 현저하게 많으며 한국어에서 사용되는 한자어가 일본어와 거의 같은 데다가 그 밖의 단어도 한자어를 보면 의미를 알 수 있기 때문에 조사나 용어의 활용어미, 조동사, 부사 등을 익히면 대체로 읽을 수 있다. 그것은 한국인이 일본어 책을 읽는

---

1) 교착어란 실질적인 의미의 단어에 문법적 기능을 가진 후치사(조사, 어미)가 붙는 말이다.
2) 음소문자란 자음과 모음을 분류할 수 있는 문자이다. 한글은 〈가=ㄱ+ㅏ〉를 ㄱ과 ㅏ로 분리되지만, 일본어 가나는 〈か k+a〉는 분리할 수 없다.

경우에도 마찬가지다.」[3]라고 기술하였다. 服部는 구체적인 예를 들고 번역한 후, 「일일이 단어를 직역하면 그대로 일본어가 된다.」라고 언급하고 있다.

즉, 한국어와 일본어는 어순이 같기 때문에, 일본어 문장의 단어를 하나하나 한국어로 번역하면 그것이 대부분 그 자체로 한국어 문장이 되어버린다는 것이다. 한국어를 모어(母語)로 하는 일본어 학습자가 발음상의 문제를 빼면, 다른 외국인보다도 일본어 습득이 빠른 이유의 한 가지는 바로 여기에 있다.

한국어와 일본어는 단지 주어, 목적어, 술어라고 하는 어순이 같다든지, 명사의 뒤에 조사가 붙는다든가 하는 것뿐만이 아니라, 접미어와 조사가 붙는 어순조차도 거의 같고, 또한 의미를 변화시키지 않고도 어순을 전환하는 방법과 언어 생략법까지도 공통점을 가지고 있다.

森田(1983)는 「한국의 학생들은 일본어를 완전히 외국어로써 인정하지만, 두 개의 언어가 문법적으로 닮아있는 데다가 공통된

---

3) 服部四郎(1968)「一言語学者の見た隣国」『文学』
日本語の系統に関する論文の執筆を頼まれるたびに、まず朝鮮語に言及せずには居られないし、アルタイ語を研究するときにも日本語との間を橋渡しする言語としていつも朝鮮語を意識せずには居られなかった。日本語との間の親族関係はまだ証明されるには到っていないが、その構造が驚くほど日本語に似ていることを、機会あるごとに人々に話してきた。名詞に「て、に、を、は」がつく点、語順が全く日本語と同じな点、敬語法がある点など、類似点は著しい。朝鮮語の中に使われる漢語が日本語のそれとほとんど同じな上に、その他の単語でも漢字を見れば、意味がわかるので、「て、に、を、は」や用言の活用語尾、助動詞、副詞などを習えば、たいてい読めてしまう。それは、韓国の人が日本語の本を読む場合にも省てはまる。一つ一つ単語を直訳していけば、そのまま日本語になる。

한자어[4])가 많기 때문에 일본어를 한국식으로 배우는 경향이 있다. 이러한 경향은 반대로 일본인이 한국어를 배울 때도 같다」라고 서술하고 있다.

일단 모어가 몸에 배어버리면, 새롭게 외국어 공부를 시작하더라도 모어의 간섭이 발생하는 것은 이미 잘 알려져 있다. 따라서 일본인에게 국어(일본어)를 가르치는 경우와는 달리, 외국인에게 일본어를 가르치는 경우에는 교수자가 미리 학습자의 모어와 일본어와의 상이점을 알고 있으면 보다 효과적인 지도가 가능한 것은 말할 것도 없다.

한국어와 일본어의 언어의 구조가 닮아있다는 것은 앞에서 언급하였다. 예를 들면 조사는 한 · 일 양어에서 공히 교착어라는 성격 때문에 쉽게 용법이 같다고 생각하여 미세한 상이점을 간과해버리는 경우가 많다. 한국어와 일본어는 많이 닮아있다고 하지만, 한국어와 일본어에는 어떤 유사점과 다른 점이 있는지 살펴보자. 이것은 한국어를 모어로 하는 일본어 학습자가 일본어를 습득하려고

---

4) 심재기(1982, p.111-183) 『국어 한자 어휘론』에서는 한국어의 한자어를(1) 중국 고전에서 전거 한말(2) 중국 경유의 불교 경전에 유래한 말(3) 백화문(중국의 구어)에의 한말(4) 일본에서 들어온 말(5) 한국에서 만들어진 독자적인 말 등으로 분류하고 있다.
일본어의 경우 山田(1940)는 「漢語」를 「좁은 의미로는 중국기원의 말로 주로 오음 · 한음 · 당음을 나타내고, 넓은 의미로는 「和語, 외래어」에 대한 「자음의」의 의미로 사용되고 있다. 에도 말기 이래, 新語나 번역어로서 만들어진 「和製漢語」도 이에 속한다. 본서에서는 한국어의 「한자어」에 대응하는 일본어의 용어는 「漢語」이고, 「한자어」와 「漢語」의 개념의 차이는 있지만 본서에서는 편의상, 「한자어」라는용어로 사용하기로 한다.

할 때에 어떠한 「간섭」이 일본어 습득에 어떤 문제가 원인인지를 예측하는 것도 어느 정도는 가능하다고 생각한다.

대조 언어 연구 방법론의 측면에서 보면 한국어와 일본어는 통어 구조상에 있어서는 유사하지만 표현상에서는 각기 다른 면이 있다. 따라서 한·일 양 언어를 각각 고찰하여 양 언어를 대조하는 것은 양 언어가 가진 특징을 파악한다는 점에서 매우 중요하다.

일본어의 경우 「する」의 유의어로써 「やる」가 있다. 여기에서는 「やる」와의 관계도 실질적 의미가 있는 「する」의 유의어의 관계성을 다루어 보기로 한다.[5]

「하다/する」의 전항 요소와 「하다/する」와의 결합 관계를 양 언어의 어휘 및 표현 특징의 하나로 인식하여 양 언어의 전항 요소를 대조 언어학적 관점에서 고찰하고 약 언어에서 「하다」「する」가 실질적 의미가 없고 동사화하는 기능만을 갖는다는 주장에도 주목하여 단순히 동사화하는 기능만을 가지는지에 대해서도 새로운 시각으로 살펴보고자 한다.

그 결과에 양 언어의 「하다 동사」「する動詞」의 더 형성, 전항 요소 및 문형상의 특징과 「하다/する」의 기능이 보다 명확히 밝혀질 수 있다고 생각된다.

본 서에서는 「하다 동사」와 「する動詞」가 문형상 양 언어에 어떻게 대응하는지를 「전항 요소+(조사) する」를 양어의 표현 특징의

---

5) 「やる」는 예를 들어 「勉強をやる」라고 말하지만 「勉強やる」라고는 말하지 않는 것과 같이, 동사화 기능이 없다는 점에서 「する」와는 근본적으로 다르지만, 「하다」와 「する」의 관계를 규명하는 매개체로서 유용하다.

하나로써 인식하여, 한·일 양어를 대조하여 일본어의 전항 요소에 대응하는 한국어의 전항 요소와 「하다」와의 결합에 대해서 살펴본다. 또한, 「する」의 유의어인 「やる」와의 관계도 포함시키기로 한다.

결론에서는 결과를 요약, 한국어를 모어로 하는 일본어 학습자의 일본어 습득의 관점에서 어휘 및 표현 교육의 방법론을 제시한다.

대조 연구에 있어 한·일 양어의 어느 쪽을 기준으로 하여 고찰을 진행할 것인가 하는 문제가 있다. 본 연구에서는 「する」에 대응하는 다양한 한국어 형식을 파악하기에는 「하다」 보다는 「する」를 기준으로 하는 것이 효과적이고, 「하다」에 대응하는 다양한 일본어 형식을 파악하기에는 「する」 보다는 「하다」를 기준으로 하는 것이 효과적으로 보인다. 따라서 본서에서는 「하다」를 중심으로 일본어의 다양한 대응을 고찰하기 위해 「する」를 기준으로 하나, 반대로 「하다」를 기준으로 하여 「する」와의 대응 관계도 대조 고찰을 통해 진행해 나가기로 한다.

대조 방법에 있어서는 우선 전항 요소와 「する」가 직접 결합한 「する動詞」[6]의 전항 요소와 「する」 사이에 조사가 개입한 「する」와 그 이외의 다른 형식을 취하는 경우에 해당하는 한국어의 대응 양식을 하위 분류하는 방식으로 취하기로 한다.

여기에서는 양어에 선행 요소가 의미적으로 대응하는 경우를 원

---

6) サ行変格動詞器를 이하 「する動詞」로 표기한다.

칙으로 한다. 의미적으로 대응하는 선행 요소를 대상으로 하는 경우
는 대응 양상의 설명을 위해 필요하다고 생각되는 경우에 한정된다.

품사적으로 「선행 요소+하다」의 대응이 「동사」인 경우와 「형용
사」[7]인 경우가 있다. 여기에서는 「する動詞」와 「하다 동사」의 대
응이 성립하는 경우는 선행 요소가 한자어인 경우를 중심으로 한
다. 「する」와 「하다」 동사의 대응이 성립하는 경우에 있어서는 선
행 요소가 한자어인 경우가 주로 문제가 되기 때문이다. 동일 형식
의 한자어가 양어에 존재하지 않는 경우와, 또 존재하더라도 의미
적인 차이나 품사 등의 차이에 의해 동일 형식의 한자어를 선행 요
소로 하는, 비동일 형식의 한자어에 대응하는 경우도 적지 않으며
이에 대한 검토도 필요할 것으로 생각된다.

「하다」와 「する」의 대응 양상과 관련된 부분 중 주로 문제가 된
다고 생각되는 부분들을 분류하여 체계화하고자 한다.

용례는 양국의 소설, 신문, 잡지, 사전, 논문, 문법서 등에서 수집
한 용례를 자료로써 사용하고 주로 「新潮文庫 100冊の本」의 용례
를 사용하고, 선행 연구에서의 인용과 필자가 일상 회화에서 수집
하거나 작례한 것도 사용한다.

또한 본문에서 사용하고 있는 기호의 의미는 다음과 같다.

  * : 비문법적인 문의 경우

  ? : 비문법적이라고 판단하긴 어렵지만, 의미가 부자연스럽거나
    이상한 경우

---

7) 이후 「하다 동사」, 「하다 형용사」로 칭하기로 한다.

제2장

문형에 의한「～하다」와「～する」의 대조

제1절 무격형의 「~하다」와 「~する」의 대응 표현

(1) 落雷する。(雷が落ちる)

　　落雷 하다。

(2) 停電する。(停電が止まる)

　　停電 하다

(3) 断水する。(水が止まる)

　　断水 하다

　(1)~(3)은 움직임의 주체와 동작의 대상을 필요로 하지 않는다. 이들의 동사는, (4)~(5)와 같이 움직임이 발생하는 장소가 주어가 되거나, 장소를 나타내는 상황 성분과 함께 표현하는 것은 가능하다.

(4) ゴルフ場に落雷した。(장소)

골프장에 落電했다.

(5) 私の部屋が停電した。(상황)

내방이 停電되었다.

그러나 동작의 주체라고 해도「が」격을 요구하는 것은 불가능하다. 이와 같은 경우, 그 형태를「무격형」이라고 할 수 있다. 이와 같은 동사에 동작의 주체가 되는 상위 개념을 나타내는 명사의 주어가 되게 하려면 (6)~(8)과 같이 장황한 표현이 되어버려 결국 이들의 동사군은 그 동사의 내부에 이미 움직임의 주체를 내포하고 있는 것이다.

(6) 雷が落雷した。(중복)

번개가 낙뢰했다.

(7) 電気が停電した。(중복)

電氣가 정전되었다.

(8)水道の水が断水した。(중복)

수돗물이 단수되었다.

森山(1988)는 무격형의 동사에서 나타나는 움직임의 특징에 대

해서 서술하였다.[1] 이들의 동사가 자연 현상적인 것은 「する」의 사역형인 「させる」로 나타내기 어려운 것에서 엿볼 수 있다. 즉, 이들의 동사는 비 인위적인 행위를 나타내고 있다.

이들 한자어군이 한국어에서 일본어의 「する」에 해당하는 「하다」를 동반해서 한 · 일 양어가 대응하여 같이 사용될 수 있는지 없는지에 대해서는 해당 한자어의 수가 적어서 통계적으로 명백히 규정지을 수 없었다.

무격형 동사의 예를 한국어와 대응시켜 분석해보면 「停電する」의 경우 (9)~(10)와 같이 「하다」는 접속되지 않고 그 대신에 「なる」에 상응하는 「되다」가 대응한다.

(9) 強風で電線が切れて停電した。
　　강풍으로 전선이 끊어져서 정전했다.

(10) 強風で電線が切れて停電になった。
　　강풍으로 전선이 끊어져서 정전되었다.

한국어의 경우는 「停電하다, 斷水하다」는 타동사이고, 이 한자어들은 공사 등의 필요에 따라서 단수의 필요성이 있어 수도를 끊는다는 의미가 된다.

---

1) 주어 명사가 동사의 의미 속에 포함된 경우, 그 명사는 동작의 주체성이 극히 작고, 그 동사는 자연 현상적인 것이 된다.

(11) 日照り續きで裏山が火事になった。

　　　가뭄이 계속되어 뒷산이 불이 났다.

(12) *日照り続きで裏山が火事した。

　　　가뭄이 계속되어 뒷산이 불이 났다.

　이 경우 일본어에서는 (11)~(12)와 같은 예를 들어 보면 용법이 매우 닮아 있다. 즉, 「なる」와 「되다」는 「그 동작이 행해지는 이전의 상태가 이미 존재하고 있었던 것이 제시되어 있고, 그 동작이 행해졌던 결과 – 무격형에 있어서는 무엇인가가 원인이 되는 것이 있다 – 만들어졌던 변화를 나타낸다.」라는 경우에 사용되고 있다. 이것에 대해서 「する」는 동작이 행해지는 이전의 상태에는 관계하지 않고 쓰이고 있다.

　한국어에서 「停電」은 정전이 되기 이전의 상태를 전제로 하는 것을 필요로 하기 때문에 「되다」로 표현된다. 또, 일본어의 「火事」도 (11)과 같은 의미로 사용되는 경우는 화재가 나기 전의 상태라는 전제를 필요로 하기 때문에 「なる」로 표현된다.

　어떤 한자어가 그 한자어의 동작을 표현할 때, 전제를 필요로 하는지 아닌지에 따라서 「なる」 혹은 「する」 중 어느 쪽의 표현을 사용하는지는 관습이라 볼 수 있으며, 본 연구에서 명백히 규정지어 말하기에는 어려움이 있다. 앞서 언급했던 「정전」도 일본어에서는 「なる」, 「する」 양쪽의 표현이 가능하고 의미적으로도 거의 차이가 없는 듯하다.

쌍방이 요구하는 격조사의 의미적인 경계에 대해서는 앞으로 연구해야 할 과제로 남기기로 한다.

제2절 「~する」형과 한국어의 대응 표현

한 · 일 양어의 「하다」와 「する에는 「運動을 하다/運動をする,運転을 하다/運転をする」 등과 같이 타동사로서의 용법이 있다. 그런데 일본어의 「する」는 「하다」가 대응하지 않는 「香りがする、音がする、予感がする、感がする、氣がする」 등과 같이 격조사 「が」를 취하여 자동사로서의 용법도 존재한다. 그러나 한국어의 「하다」에는 이 같은 용법이 존재하지 않기 때문에 한국어를 모어로 하는 일본어 학습자에게 있어서 이와 같은 「する」의 용법에 혼동하기 쉽다.

「~がする」 표현에는 「稲光がする、雷がする」 등과 같이 자연현상을 나타내는 것, 「香りがする、音がする、味がする」와 같이 감각적인 것을 나타내는 것, 「頭痛がする、寒氣がする」 등과 같이 생리 및 병리 현상을 나타내는 것. 「予感がする、感じがする、気がする、思いがする」 등은 심리상태 등을 나타내는 것 등 폭넓은 기능이 있다.

「する」는 기능 동사[2] 중에서도 전형적인 기능 동사이며 「~がす

---

2) 기능 동사에 관해서는 다시 3장에서 상세히 다루도록 한다.

る、~をする、~にする」등과 같이 격형식과 함께 결합하고 기능
동사의 의미의 중심을 명사에 두어 명사적 표현으로서 보고있다.
이러한 표현인「~がする」의「する」에 한국어는 어떠한 표현이 대
응하고 있는 지를 고찰해 보기로 한다.

1.「무의식 현상적인 선행 요소+がする」형과 한국어의 대응 표현

우선,「무의식 현상적인 선행 요소+する」의 용례에 한국어의 하
다」가 대응하지 않는 표현의 일본어 용례를 정리하여 본다.

(1) 電話を毛布でくるみ、コタツの中へ入れておくと、時々、
    虫の鳴くようなジジッという音がする。(風に吹かれて)
    전화를 모포로 싸고, 코타츠 속에 넣어두면, 때때로 벌레가
    우는 듯한 "지짓"하는 소리가 난다.

(2) 七時になると、廊下を歩いてくるせわしい足音がした。
    (雁の寺・越前竹人形)
    7시가 되자, 복도를 걸어오는 조급한 발소리가 났다.

(3)「どないしたや。痛いのんかいな。痛いのんかいな」と船
    頭の聲がする (雁の寺・越前竹人形)

「무슨 일이야. 아픈 거야? 아픈 거야?」라는 선두의 소리가
들렸다.

(4) 根元の方にはまだ新しい土がこんもりもりあがって、赤土
の匂いがする。(唯の寺・越前竹人形)
뿌리 쪽에서는 아직 새로운 흙이 두두룩 불거져 나와, 적토
의 냄새가 난다.

(5) 茶の香がした。(雁の寺・越前竹人形)
차의 향기가 났다.

(6) 顔はいつも酒焼けがしていて、てかてか光っているのが、
梅雨があけるころから、色が冴えなくなった。(確の寺・
越前竹人形)
얼굴은 언제나 술에 취해 벌게 가지고, 번들번들 빛나고 있
는 것이, 장마가 들 쯤에서부터, 빛깔이 신통치 않았다.

(7) 兼六園の横を抜け、坂を下れば雪片ひらめくかなたににじ
む赤い灯、青い灯、とまでは行かぬが、どうやら人里に来
た心地がする。(風に吹かれて)
켄로쿠엔의 옆을 지나, 비탈을 내려 가면 눈송이가 번쩍이며
그에게 스며드는 붉은 등, 푸른 등, 거기까지는 가지 않아도,
아무래도 마을에 온 기분이 든다

(8) 塞気がするらしかった。(確の寺・越前竹人形)
    한기가 드는 것 같았다.

(9) 今し方、喜助が灰の上に置いた湯わかしは、つるをまいた
    把手までも黒光りがしている。(確の寺・越前竹人形)
    조금 전, 키르케가 재위에 둔 주전자는, 주전자 손잡이까지
    도 검은빛이 나고 있다.

(10) 小舍にこもって弦掛糸銀器をいっしんにつかっている喜
    助の耳へ人の訪れる気配がした。(雁の寺・越前竹人形)
    작은 시골에 파묻혀 활실톱을 쓰기에 몰두하는 키스케의
    귀에 사람이 찾아온 기척이 났다.

상기의 예문들은 한국어에서 「する」에 「하다」가 대응하지 않는
문형이다.
몸과 마음의 어떤 현상이나 외부의 자극 등이 일어나는 것을 느
낄 수 있는 의미는 보통 「~がする」의 문형으로 사용되고 있다.
「~がする」에 선행 요소로 감각 기관에서의 무의식 현상이 많고
이것을 감각 기관별로 표로 정리한다면 다음과 같다.

〈표1〉 감각 기관으로 취하는 무의식적 현상

구분	예문	~가 する	~이/가 하다
聴覚	音/소리, 足音/발소리, 銃声/총소리, 雷/번개소리, 声/소리(笛の音/피리소리) 鳥の鳴き声/새소리, 歌声/노랫소리) 耳鳴り/귀울림	+	-
嗅覚	香り/향기, 匂い/냄새(犯罪の匂い/犯罪의 냄새)	+	-
味覚	味/맛,(古里の味/고향의 맛, 思い出の味/추억의 맛, おふくろの味/어머니의 맛)	+	-
視覚	稲光/번개, 黒光り/검은윤	+	-
肉体的現状	眼気/졸음, 寒気/한기, 悪寒/오한, 痙攣/경련,頭痛/두통, 身震い/몸서리, めまい/현기증, つわり/입덧, 吐き気/구토	+	-
精神的現状	胸騒ぎ/두근거림, 気配/기척, 気/기운, 心地/느낌, 心残/미련, 予感/예감, 胸が突かれる思い/가슴을치는생각, 気分/기분, 思い/생각, 感じ/느낌, 気持ち/기분, 心持ち/생각	+	-
외부 현상을 체감 가능한 것	地驚き/지축을 흔드는 소리 地鳴り/지반이 흔들려 일어나는 땅울림	+	-

위 표 중에서 청각과는 별도로(체감이 가능한 것) 나눈 이유로 「地驚き」와 「地鳴り」는 청각만이 아닌 몸 전체가 함께 느끼는 두 단계의 지각 행동을 겪고 있기 때문이다.

미각의 경우에는 「おふくろの味がする、変な味がする」처럼, 앞

에 맛의 성질을 나타내는 말을 반드시 동반해서 사용되고, 단독으로 「味がする」만으로는 사용되지 않는다. 즉, 맛이란 어떤 특별한 의미를 담는 맛을 실질적으로 표현하지 않으면 맛에 대하여 알 수 없기 때문이다.

　다만, 「する」의 부정 「しない」의 경우는 「この料理は味がしないね」와 같이 맛을 설명하는 말을 동반하지 않고서도 말할 수 있지만 여기에서 「味がしない」라는 의미는 부정을 동반함으로써 「독특한 맛이 없다」 라든지 「싱겁다」 라는 실질적인 내용의 말을 표현하기 때문에 가능하다고 본다. 육체적 현상의 질병에 관한 「悪寒、寒気、めまい、吐き気、耳鳴り」 등은 어느 것이나 조사 「ガ」를 생략하고 「悪寒する、寒気する…」처럼 「する」를 바로 접속하여 사용할 수는 없다. 그러나 같은 감각 기관에서 취할 수 있는 육체적 현상이라도 「오한, 발진」 등은 조사 「ガ」가 생략되어도 사용할 수 있고 이들의 증상은 주관적으로 지각할 수 있는 것으로 「ガ」의 생략 여부는 객관적으로 관찰이 가능한 것인지 아닌지에 대해 차이가 발생한다. 즉, 「悪寒、発疹、めまい…」 등은 본인만이 느낄 수 있는 것으로서 뭔가 다른 증상이 있지 않는 한 다른 사람은 알 수 없는 현상이다.

　(11) あなた今、めまいがしてるの?

　　　 지금 너, 현기증 나니?

　(11)과 같이 「あなた今、めまいがしてるの?」라고 묻게 되는 일

은 없을 것이다. 그러나 (11)의 예에 비해서 이것에 대해 「경련, 발진」 등은 본인은 물론, 주변의 사람도 일어나고 있는 현상을 보고 무엇이 일어나고 있는지 판단이 가능한 것이다.

(12) どうしたの、痙攣してるわよ
　　　무슨 일이야, 경련이 일어나고 있어.

　그러나 같은 내부 질환이라 하더라도 「폐렴, 결핵, 맹장」 등과 같이 구체적인 병명, 병력에 관련된 경우에는 「肺炎ガする、結核ガする」라고 표현할 수 없으며, 어떤 원인의 결과로써의 병을 나타낼 때에는 자동사 「なる」를 사용해서 (13)과 같이 표현되고, 과거의 병력을 나타날 때에는 (14)와 같이 동사로써 표현된다.[3]

(13) 風邪をこじらせて、肺炎になった
　　　감기를 악화시켜서 폐렴이 되었다.

(14) 結核をしたことがあって
　　　결핵에 걸린 적이 있어서

　한편, 한국어에는 일본어의 「~する」에 해당하는 「~가 하다」와 같은 표현이 가능한 것은 존재하지 않는다.

---

3) 3장에서 자세히 다루도록 한다.

한국어에서는 감각 기관을 통해서 일어나는 자발적인 수동 현상
과 외부로부터의 현상은 「~가 나다, ~가 들리다, ~이 느끼다」라고
하는 본래 의미 내용을 가진 동사가 사용되며, 이것들을 대신해서
「하다」를 사용할 수 없다.

2. 「자연 현상적인 선행 요소+がする」형과 한국어의 대응 표현

村木(1991)는 「事, 雨, 家, 虹(무지개)」 등과 같이 어떤 사물만을
나타내기보다는 자연 현상을 내포하는 표현까지 포함하는 명사는
어떤 현상을 나타내는 언어에 있어 동사의 실질적 의미는 희박해
추상하기 어렵다고 하였다. 예를 들어 「雨が降る」의 「降る」도 기
능 동사적이다. 라고 설명하고 자연 현상을 나타내는 말을 표현하
는 경우 일본어에서는 명사를 중심으로 한 표현 형태를 취한다고
지적하고 있다.

奧津(1992)는 「~する」 표현을 「자연 현상을 나타내는기능 동사
문」의 하나로 보았다. 이러한 자연 현상의 표현 방법에 있어서 양
어에 어떤 유사점과 차이점이 있는지를 검토함으로써 일본어 표현
의 특징을 밝힐 수 있다고 본다.

奧津(1996)는 村木의 이와같은 지적에 주목하고, 자연 현상을
나타내는 기능 동사문을 「자연 현상문」이라고하며, 심리 · 생리 현
상 등에 관계하는 것도 넓은 의미로의 자연 현상이라고 하고 있다.

奥津(1997)의 전형적인 기능 동사인「する」와 결합하는 표현 뿐만
아니라 그 외의 여러 가지 자연 현상문을 기능 동사별로 나누어 정
리하면 다음과 같다.

1) 현상명사「~する」하다

① 자연 현상에 관한 표현
　　a. 稲光がする。
　　　번개가 치다.
　　b. 黒光りがする」の「黒く光る」
　　　「검은 빛이 돈다.」의「검은 빛」

② 감각 표현
　　a. においがする。
　　　냄새가 나다.
　　b. 音がする。
　　　소리가 들리다.
　　c. 味がする。
　　　맛이 나다.

③ 생리 현상과 관계 있는 표현
　　a. まばたきをする。
　　　눈을 깜박거리다.

b. 息をする。

숨을 쉬다.

c. 汗をかく。汗をする

땀이 나다.

④ 넓은 의미에서의 병리 현상

a. めまいがする。

현기증이 나다.

b. はきけがする。

구역질을 하다.

c. 咳をする。

기침을 하다.

d. けがをする。

상처가 나다.

또한,「する」이외의 기능 동사는 명사 쪽에 의미의 비중이 커져 동사로서의 의미는 상당히 작아진다. 아래의 예문을 보면「する」이외의 기능 동사는 명사 쪽에 의미의 중심이 두어지고 있다고 말할 수 있지만「する」에 비교하면 각각 어떠한 고유의 의미 영역을 가지고 있다고 볼 수 있다.

①「~降る」내리다

雨が降る、雪が降る、あられが降る

②「~かかる」끼다

　霞がかかる、雲がかかる、虹がかかる

③「~立つ」생기다

　霧が立つ、霞が立つ、雲が立つ、陽炎が立つ、虹が立つ、
　波が立つ、泡が立つ

④「~出る」나오다

　雲が出る、虹が出る

⑤「~起きる」일어나다

　地震が起きる、津波が起きる

⑥「~吹く」불다.

　風が吹く、春風が吹く、木枯らしが吹く、追い風が吹く

⑦「~おりる」내리다

　霜がおりる、露がおりる

⑧「~あがる」일다

　炎があがる、しぶきがあがる

⑨「~燃える」타다

火が燃える

　일본어의 자연 현상 문의 기능 동사를 한국어와 대응되는 동사와 대응시켜 동사의 의미를 살펴보면 의미가 매우 넓고 다양하게 사용되고 있다는 것을 알 수 있다. 이와 같이 한국어에서도 기능 동사 용법으로 볼 수 있는 동사를[4] 의미적으로 분류하여 정리하면 다음과 같다.

①「~내리다」비 · 눈 · 우박 · 서리+이/가 내리다.

버스를 내리다.	バスを降りる。
막이 내리다.	幕が降りる。
뛰어 내리다.	飛び降りる。
비가 내리다.	雨が降りる。
물건 값이 내리다.	品物の値段が下がる。
체중이 내리다.	体重が落ちる。
짐을 내리다.	荷物を下ろす。
평가를 내리다.	評価を下す。
결론을 내리다.	結論を出す。
상을 내리다.	賞を与える。

---

4) 朝鮮語大辞典(角川書店、1986)

② 「~치다」 천둥 · 번개 · 파도 · 눈보라 · 비바람+이/가 치다.

벼락이 치다.	雷が落ちる。
벼락이 나무를 치다.	雷が木を打つ。
못을 치다.	釘を打つ。
뺨을 치다.	頬を打つ。
반죽을 치다.	こね粉を打つ。
피아노를 잘 치다.	ピアノをうまく弾く。
당구공을 치다.	撞球の球を突く。
천막을 치다.	テントを張る。
모기장을 치다.	蚊帳をつる。
동그라미를 치다.	丸印をつける。
닭을 많이 치다.	鶏を多く飼う。
고함을 치다.	大声で怒鳴る。
진저리를 치다.	身震いする。
장난을 치다.	いたずらをする。
공을 치다.	球をする。
점을 치다.	占う。
도랑을 치다.	溝をさらう。
밥에 소금을 치다.	御飯に塩をかける。
값이 비싸게 치다.	値が高くつく。
줄을 반듯이 치다.	線をまっすぐに引く。
무로 채를 치다.	大根を細かく切り刻む。

③「~오다」비 · 소나기 · 눈 · 우박+이/가 오다.

버스가 오다.	バスが来る。
물이 무릎까지 오다.	水が膝まで来る。
가난은 전쟁에서 온다.	貧しさは戦争から来る。
내 차례가 온다.	自分の番が来る。
비가 온다.	雨が降る。
전기가 온다.	電気がつく。
졸음이 온다.	眠くなる。
몸살이 온다.	疲れが出る。
파도가 밀려 온다.	波が押し寄せる。
회사에서 돌아 온다.	会社から帰る。

④「지다」장마 · 그늘 · 서리+이/가 지다.

나무 그늘이 지다.	木陰になる。
천년의 원수가 지다.	千年の敵同士になる。
무거운 짐을 지다.	重い荷を背負う。
빚을 지다.	借金をする。
작아지다.	小さくなる。
좋아지다.	よくなる。
커지다.	大きくなる。

⑤ 「나다」 냄새 · 향기 · 불 · 지진 · 거품 · 홍수 · 소리 · 윤+이/
가 나다. 땀 · 두통 · 멀미 · 병 · 열+이/가 나다.

연기가 나다.	煙が出る。
기침이 나다.	咳が出る。
눈물이 나다.	涙が出る。
새싹이 나다.	新芽が出る。
땀이 나다.	汗がでる。
땅에 풀이 나다.	地面に草が生える。
아기가 태어나다.	赤ん坊が生まれる。
구멍이 나다.	穴ができる。
탈이 나다.	故障が起きる。
사고가 나다.	事故が起きる。
재미가 나다.	興味がわく。
생각이 나다.	考えが浮かぶ。
맛이 나다.	味がする。
피어나다.	咲き出る。

⑥ 「끼다」 안개 · 구름 · 무지개+이/가 끼다.

구경꾼들 틈에 끼다.	見物人たちの間に挟まる。
책장 사이에 연필을 끼다.	本のページの間に鉛筆を挟む。
먼지가 끼다.	ほこりがつく。
팔짱을 끼다.	腕を組む。
장갑을 끼다.	手袋をはめる。
책상에 먼지가 끼다.	机にほこりがたまる。
얼굴에 때가 끼다.	顔に垢がたまる。
골짜기에 안개가 자욱이 끼다.	谷間に霧が深く立ち込める。

⑦ 「슬다」 녹이 슬다

벌레가 알을 슬다.	虫が卵を産みつける。
음식에 곰팡이가 슬다.	食べ物にかびが生える。
녹이 슬다.	さびが出る。

⑧ 「일어나다」 지진 · 해일+이/가 일어나다.

싸움이 일어나다.	戦いが起こる。
가세가 크게 일어나다.	家の暮らし向きが大きく持ち直す。

⑨ 「불다」 바람이 불다.

회오리바람이 불다.	つむじ風が吹く。
피리를 불다.	笛を吹く。
사실대로 불다.	ありのままに白状する。

⑩ 「타다」 불이 타다. 밥이 탔다.

밥이 탔다.	御飯が焦げた。
열로 입술이 타다.	熱で唇が渇く。
애가 타다.	気をもむ。
기차를 타다.	汽車に乗る。
줄을 타다.	網を渡る。
산등성이를 타다.	山の尾根づたいに行く。
가르마를 타다.	髪を左右に分ける。
솜을 타다.	綿を打つ。
상금을 타다.	賞金をもらう。
썰매를 타다.	そりに乗る。

부끄러움을 타다.	恥ずかしがる。
여름을 타다.	夏ばてする。
물에 설탕을 타다.	水に砂糖を混ぜる。
가야금을 타다.	伽耶琴を弾く。

⑪ 「들다」 병 · 감기++이/가 들다.

이부자리에 들다.	布団に入る。
간이 들다.	塩味がつく。
풍년이 들다.	豊年になる。
옷에 물감이 들다.	着物に色がつく。
마음에 들다.	気に入る。
얼굴을 들다.	顔を上げる。
개가 길이 들다.	犬が慣れる。
도둑이 들다.	泥棒が入る。
깊은 잠이 들다.	深い眠りにつく。
곤경에 들다.	苦境に陥る。
정이 들다.	情が移る。
손에 지팡이를 들다.	杖を 手にする。
증거를 들다.	証拠を挙げる

⑫ 「오르다」 불꽃이 오르다.

산에 오르다.	山に登る。
온도가 오르다.	温度が上がる。
성적이 오르다.	成績が上がる。
해가 오르다.	日が昇る。

화제에 오르다.	話題に上る。
밥상에 고기가 오르다.	膳に肉が上がる。
기차에 오르다.	汽車に乗る。
술기운이 오르다.	酒が回る。

이와 같이 기능 동사에 대응하는 한국어의 표현을 고찰해 본 결과 일본어와 같이 「명사+기능 동사」라는 구조를 하고 있고 폭넓은 의미를 가지고 있는 특징을 가지고 있다. 따라서 한 · 일 양어 모두 자연 현상을 나타낼 때에는 같은 형태의 표현을 취한다고 볼 수 있다. 일본어의 「~する」 표현은 한국어의 「~이/가+동사」의 자동사 문에 대응하지만, 「する」에 대응하는 동사는 다양하게 「~이/가 나다 · 들다. 치다. 지다」 등으로 복잡한 양상을 나타내고 있다. 한국어의 자연 현상문은 「비오다, 냄새나다, 녹슬다, 파도치다, 불나다」 등과 같이 격조사 「이/가」가 탈락되는 복합 동사화로의 용법도 많이 보인다. 이것은 일본어에 비교하여 한국어가 조사의 생략이 용이하다는 것과도 관련되지만, 이들 동사의 실질적 의미가 부족한 명사와 긴밀한 의미 관계를 계속 유지하고 있기 때문이다.

양어의 「降る/降りる:내리다, 出る:나다, 吹く:불다, 上がる:오르다, 燃える:타다, 起きる: 일어나다」 등의 동사는 공통으로 자연 현상문을 성립 시키고 있는 것을 알 수 있다. 그러나 일본어의 「する」 와는 다르게 자연 현상문을 성립시키는 데 반하여 한국어의 「하다」에는 자연 현상문을 성립시키는 용법이 없다. 일본어의 자연 현상문을 표현하는 기능 동사는 실질적 의미가 희박하다. 전형적인 기능 동사인 「する」와 그 외의 「雨が降る、雲が出る、火が燃える」에서 「降る、出る、燃える」와 같은 동사를 완전히 「する」와 같은 용법으로 취급하는 것은 동의하기 어렵다. 村木(1991)는 「降る」 등의 동사가 명사에 의지해 기능 동사적으로 쓰이고 있다고 주장하고 있지만 기능 동사의 용법이 「する」에 비교하면 고유의 의미 영역을 가지고 있다는 것은 분명히 인정할 수밖에 없다.

2-1. 「자연 현상적인 선행 요소+がする」형과 「~이/가 나다」의 대응 표현

「~がする」가 「하다」가 아닌 「나다」라는 동사에 대응하는 경우의 예이다.

(1) 茶の香がした。(雁の寺 · 越前竹人形)
　　차 향기가 났다.

(2) 黒いねばねばした薬品で、いかにも薬らしいにおいがする。(人民は弱し、官吏は強し)
　　검은 끈적끈적한 약품으로, 어떻게도 약같은 냄새가 난다.

(3) かすかに甘い味がした。(橘家の人々)
　　희미하게 단맛이 났다.

(4) ふらり、とめまいがするほどに、体のしんがこころよく虚

脱している。(国盗り物語)

홀연, 현기증이 날 정도로, 몸의 심지가 기분 좋게 허탈하다.

(5) 寒気がするらしかった。(確の寺·越前竹人形)

한기가 나는 것 같았다.

(6) そしてこの二人の、輸家の一面の代表ともいえる姉妹は、間もなく玄闘から出てゆく気配がした。(稼家の人びと)

그리고 이 두사람인, 유가일면의 대표라고도 말할 수 있는 자매는, 곧 현관을 나가는 인기척이 났다

(7) 電話を毛布でくるみ、コタツの中へ入れておくと、時々、虫の鳴くような ジジッという音がする。(風に吹かれて)

전화를 모포로 싸고, 코타쯔 속에 넣어 두면, 때때로 벌레가 우는 듯한 "지짓" 하는 소리가 난다.

(8) 母も夜時々眼をさましてみると、民子はいつでも、しくしく泣いている撃がしていた。(野菊の墓)

어머니도 밤에 때때로 눈을 떠보면, 타미코는 언제나, 훌쩍 훌쩍 울고 있는 소리가 났다.

「나다」는 기본적인 어의로는 「出る、出す」와 「出ていく、出てくる」의 하위어와도 대응 관계를 갖는 이동 동사이지만 엄밀하게

말하면 「出る」와는 의미 범위가 차이가 있다. 공간적인 이동을 표현할 때 「出る」만으로도 문장이 성립되지만 한국어에서는 주체의 공간적인 이동을 표현할 때에는 「나다」를 이용하는 것이 불가능하여 「나오다」 또는 「나가다」를 이용하여야 한다.

(1') 茶の香がした。(確の寺・越前竹人形)
　　차 향기가 나다.
　　차 향기가* 나오다.

(2') 黒いねばねばした薬品で、いかにも薬らしいにおいがする。(人民は弱し、官吏は強し)
　　검은 끈적한 약품으로, 어떻게도 약같은 냄새가 난다.
　　검은 끈적한 약품으로, 어떻게도 약같은* 냄새가 나온다.

(3') かすかに甘い味がした。(橋家の人々)
　　희미하게 단맛이 났다.
　　희미하게 단맛이* 나왔다.

(4') ふらり、とめまいがするほどに、体のしんがこころよく虚脱している。(国盗り物語)
　　홀연, 현기증이 날 정도로, 몸의 심지가 기분좋게 허탈하다.
　　홀연, 현기증이* 나올 정도로, 몸의 심지가 기분좋게 허탈하다.

(5') 寒気がするらしかった。(確の寺・越前竹人形)

　　　한기가 나는 것 같았다.

　　　한기가* 나오는 것 같았다

(6') そしてこの二人の、橘家の一面の代表ともいえる姉妹は、
　　　間もなく玄關から出てゆく気配がした。(橘家の人びと)

　　　그리고 이 두 사람인, 유가일면의 대표라고도 말할 수 있는
　　　자매는, 곧 현관을 나가는 인기척이 났다.

　　　그리고 이 두 사람인, 유가일면의 대표라고도 말할 수 있는
　　　자매는, 곧 현관을 나가는 인기척이* 나왔다.

(7') 電話を毛布でくるみ、 ヨタッの中へ入れておくと、
　　　時々、虫の鳴くようなジジッという音がする。(風に吹か
　　　れて)

　　　전화를 모포로 싸고, 코타쯔 속에 넣어 두면, 때때로 벌레가
　　　우는 듯한 "지짓" 하는 소리가 난다.

　　　전화를 모포로 싸고, 코타쯔 속에 넣어 두면, 때때로 벌레가
　　　우는 듯한 "지짓" 하는 소리가* 나온다.

(8') 母も夜時々眼をさましてみると、民子はいつでも、しくし
　　　く泣いている堅が していた。(野菊の墓)

　　　어머니도 밤에 때때로 눈을 떠 보면, 타미코는 언제나, 훌쩍
　　　훌쩍 울고 있는 소리가 났다.

　　　어머니도 밤에 때때로 눈을 떠 보면, 타미코는 언제나, 훌쩍

훌쩍 울고 있는* 소리가 나왔다.

즉, 「나다」는 주체의 공간적인 이동이라는 것 보다는 주로 여러 가지의 현상의 발생을 표현하는 것으로 사용되고 있다. 한편, 일본어에도 어떠한 자연 현상이나 생리 현상 등의 발생을 표현할 때 「する」가 아닌 이동 동사의 「出る」가 쓰이는 예가 많다.[5]

이와 같이 자연 현상이나 생리 현상 등의 발생을 표현할 때 이동 동사를 사용하는 것은 일본어도 가능하고 한국어도 「나다」와 대응한다. 일본어에는 어떤 현상의 발생을 표현할 때 「出る」가 아닌 「する」를 사용하는 이유는 「する」 혹은 「出る」와 결합하는 명사의 성질과 관계가 있다. 「する」는 「出る」에 비해 실질적 의미가 없고 또, 이동이나 발생의 뉘앙스를 가지고 있지 않기 때문에 보다 구체성이 약한 「香, 音…」 등과 같은 명사와 결합해서 발생 등을 표현하고 있는 것이다. 반대로 「香, 音, めまい…」 등의 명사에 비해, 선행 요소가 「汗, 血, あくび…」 등과 같이 시각적으로 파악이 가능한 경우는 「出る」와 결합해 현상의 발생을 구체적으로 표현하고 있다고 생각된다. 즉, 어떤 현상의 발생을 「出る」로 표현하는 경우는 정도의 차에 따라 주체의 공간적 이동의 뉘앙스를 포함하고 있고, 「する」로 표현하는 경우에는 그와 같은 이동의 의미는 같지 않고 의미의 중심을 명사에 둔 것으로 분류할 수 있다. 또한, 「する」

---

5) 火/불, 汗/땀, 血/피, 鼻血/코피, 芽/싹, 泡/거품, 咳/기침, くしゃみ/재채기, 欠伸/하품, にきび/여드름, じんましん/두드러기…+が出る · 이/가 나다.

는 반드시「出る」와 같은 발생의 단계를 표현한다고는 말할 수 없다. 예를 들면 선행 요소가「音(聲)」인 경우에는,「する」가「들리다 (聞こえる)」라고 하는 의미로 해석되는 경우도 있다.

한국어의「나다」와「聞こえる」라고 하는 의미를 갖는「들리다」는 각기 의미 영역이 다르고, 전자는 발생의 단계를 표현하고 있고, 후자는 인간이 귀라는 감각 기관을 통해서 감지하는 지각의 단계를 표현하고 있다. 하지만「する」는 그와 같은 실질적 의미를 갖고 있지 않기 때문에「する」는 음의 발생, 전달, 감지의 어느 단계로도 표현할 수 있는 것이다. 따라서「音(聲)がした」만으로 어떤 표현 인지는 분명하지 않고 문맥으로부터 판단하지 않으면 안 된다. 일 본어의 자연 현상 문의「出る」와「する」는 같은 발생을 표현한다 해도,「出る」는「する」에 비교하면 이동이라는 실질적 의미를 갖고 있기 때문이다.

2-2.「자연 현상적인 선행 요소+がする」형과「～이/가 들다」의 대응 표현

다음은「する」가「入る」에 상당하는「들다」에 대응하는 예이다.
(1) 小舍にこもって弦掛糸銀器をいっしんにつかっている喜助の耳へ、人の訪れる気配がした。(雁の寺・越前竹人形)
작은 시골에 파묻혀 활실톱을 쓰기에 몰두하는 키스케의 귀에 사람이 찾아온 기척이 났다.

(2) 兼六園の横を抜け、坂を下れば雪片ひらめくかなたににじ
   む赤い灯、青い灯、とまでは行かぬが、どうやら人里に来
   た心地がする。(風に吹かれて)
   켄로쿠엔의 옆을 지나, 비탈을 내려가면 눈송이가 번쩍이며
   그에게 스며드는 붉은 등, 푸른 등, 거기까지는 가지 않아도,
   아무래도 마을에 온 기분이 든다.

(3) 私の迅速な行動について、なぜか全然、新聞が賞讃の記事
   を書くにちがい ないような気がしていたからである。(風
   に吹かれて)
   나의 신속한 행동에 대해서, 왠지 당연히, 신문이 칭찬의 기
   사를 씀에 틀림이 없을 듯한 기분이 들었었기 때문이다.

(4) 慈念と慈海が話している時は尚更、疎外された気持がし
   た。(確の 寺 · 越前 竹人形)
   慈念과 慈海가 이야기 하고 있을 때는 더욱 소외당한 느낌
   이 들었다.

(5) そこまで考えついた時、私はほとんど打ちのめされるよう
   な思いが上った。(一瞬の夏)
   거기까지 생각이 미쳤을때, 나는 거의 작살나는 듯한 기분이
   들었다.

(6) これですべては終りなのかもしれないという獸な予感がした。(一瞬 の夏)

이것으로 모든 것은 끝나는 것인지도 모른다. 라는 좋지 않은 예감이 들었다.

(7) が、その裂け目の深さに、作家五木寛之氏の秘密がかくされているような感じがする。(風に吹かれて)

그렇지만, 그 찢어진 눈속에, 작가 五本質之 씨의 비밀이 숨겨져 있는 듯한 기분이 들었다.

(8) そして、再びボーイたちの姿を見たとき、彼はほっと心の休まる思いがした。(アンナ・カレーニナ)

그리고, 다시 소년들의 모습을 보았을 때, 그는 마음이 놓여지는 기분이 들었다.

(9) 幾度も車輪の音が聞えたような気がしたが、それは空耳であった。(アンナ・カレーニナ)

幾度도 차바퀴의 소리가 들리는 듯한 기분이 들었지만, 그것은 환청이었다.

한국어의 「들다」는 「들어가다」와 「들어오다」라고 하는 하위 동사를 갖지만 「들다」 만으로 주체의 공간적 이동을 표현하는 경우는 거의 없다. 일본어의 「る」는 단독으로 공간적인 이동의 의미를

표현할 수 있는 것에 대해 한국어의 「들다」는 「들어가다」, 「들어오다」의 형태로 하지 않으면 공간적 이동의 의미를 표현할 수 없다.

상기 예의 「~がする」는 주체가 의도하지 않은 감정이나 사고 등이 자연 발생적으로 일어난 것을 표현하고 있다.

대응하는 한국어의 「하다」는 이동의 의미가 희박하기 때문에 이동 동사인 「들다」를 이용하고 있다. 즉, 주체의 외부에서 주체의 내부로 향해 이동한다고 하는 의미가 있다고 보인다. 예를 들어 인간의 주최 등을 공간에 비유하면 「氣、予感」 등이 그 안에 이동해 온 것 같이 「들다」를 이용하고 있다. 이것은 「공부가 머리에 안 들어온다(勉強が頭に入らない)」라는 표현과 관련지어 고찰해 볼 수 있다.

제3절 「~을/를 하다」형과 「~をする」의 대응 표현

본 절에서는 「하다」와 「する」가 격조사 「ヲ」를 취할 경우에 각각 어떻게 대응하고 있는 가를 비교하여 「하다」와 「する」의 의미·기능을 명확하게 하고자 한다. 즉, 선행 요소인 명사는 한·일 양어 대응하는 명사로써 존재한 경우에 한정하여 격조사를 취한 「~をする」의 문형을 한국어와 대조하여 「하다」와 「する」와의 대응 관계 및 의미·기능을 고찰하는 것을 목적으로 한다.

「하다」는 선행 요소와 결합할 때 격조사 「이/가, 을/를, (으)로」를 「する」도 격조사 「が、を、に/と」를 각각 개입할 수 있다. 한·

일 양어의「～을/를 하다」와「～をする」의 구문이「하다」와「す
る」의 대표적 구문으로 취급되는 것은 이 문형이 동사의 기본적인
의미를 나타내는 동작과 상태 변화 등을 나타내는 동사성 명사와
결합하기 때문이다. 그러나 같은 의미를 갖는 선행 요소라 해도 각
각의 언어가 그것을 동사성 명사로써 받아들이고 있는가 아닌가에
대해서는 반드시 일치한다고 할 수 없어 대응의 기준에서 벗어나는
경우도 당연히 있을 수 있다.

　예를 들어, 한국어의「도둑」은「도둑질을 하는 사람」의 의미밖에
없어「*도둑을 하다」는 불가능하고,「도둑질을 하다」처럼 동작성
의 의미를 갖는「질」을 개입시켜야「하다」에 연결할 수 있다. 이에
비해 일본어의「泥棒」는「泥棒をする人」와「人の金やものをぬす
む行為」의미가 공존함으로「泥棒(を) する」가 가능하다. 이와 같
이 각각의 언어는 기준에서 벗어나는 것은 당연히 있을 수 있지만
선행 요소의 대응한 그룹과 대응하지 않는 그룹의 일정한 경향은
알 수 있다고 본다.

1.「漢字語+を+する」형과 한국어의 대응 표현

　다음의「漢字語+する」와「漢字語+を+する」와 같이 단독으로
「する」가 접속되는 경우, 한·일 양어에 있어 한자어의 성질과 기
능이 어떻게 차이가 있는지에 대해서 비교해 보고자 한다.

　影山(1993)는「VN+する」구문과「VN+を+する」에서 조사「を」

에 의한 분리 가능성은 「VN」 자체의 의미적 성격을 생성 문법론적
인 입장에서 논하였다. 「ヲ」격 표시의 허용 여부에 대하여 구문의
통어적인 성격을 가지는 「VNする」는 「VNをする」 구문으로부터
통어적인 편입에 의해 파생된다고 하고 있다.

　이들의 연구는 주로 「VNする」와 「VNする」와의 대조와 상관,
「を」격 삽입 등을 둘러싼 「する動詞」의 분류 등 명사의 용법에 중
점을 두고 있다.

　「漢字語+する」에는 (1)과같이 「～を」격의 보어(補語)를 취하는
것과 (2)와 같이 「～を」격의 보어를 취하지 않고 「～が」격을 취하
는 것이 있다.

　(1) 言語学を研究する。
　　　언어학을 연구하다.

　(2) ダムが決壊する。
　　　댐이 붕괴하다.

　이것은 그 한자어가 갖는 동작성이 작용하는가, 스스로 상태의
변화 등을 나타내고 있는 것인가에 따라서 결정된다. 이것은 한국
어에 있어서도 마찬가지이다. 단, 일본어와 다른 점으로는 한국어
에도 「하다」가 접미어로서 한자어에 접속하는경우, 그 한자어의
성질이 동작성을 나타내는지 상태와 변화를 나타내는 지의 차이가

「漢字語+하다」의 품사 분류에까지 영향을 미친다는 것이다. 물론 「하다」는 「する」와 같이 동사로 구분되고 선행 요소를 동사화하는 접미사로서의 기능을 갖고 있다. 그러나 선행 요소를 동반하여 「漢字語+하다」와 같은 형태로 모든 선행 요소를 동사화할 수는 없다. 이것은 한국어의 용언인 동사, 형용사의 어미는 모두 「~다」로 끝난다는 형태적인 특징에 의한 이유도 있다.

한국어는 품사를 분류할 때 형태적으로 어미가 같기 때문에 형태적으로는 분류할 수 없고 말이 가지고 있는 의미로 분류할 수밖에 없다. 그 때문에 용언에 관해서도 그것이 동사인지 형용사인지가 분류되고 「하다」를 수반하여 생성된 2차적인 품사의 형성에도 동사인지 형용사인지는 그 의미에 의해 구분한다.

즉、「相当する/相当하다, 一定する/一定하다, 一致する/一致하다. 謙遜する/謙遜하다」 등은 한국어에서 형용사로 분류된다. 또, 이것은 일본어에는 「ナ形容詞」가 되는 한자어에도 「曖昧だ/曖昧하다, 安全だ/安全하다, 可能だ/可能하다, 獨特だ/獨特하다」와 같이 「하다」를 수반하여 동사 혹은 형용사로서 사용되는 원인에도 있다.

그리고 「漢字語+を+する[6]」와 「漢字語+する[7]」와 같이「を」격의 개입 문제가 있다.

---

6) 이하 「サ행 동사」로 칭한다.
7) 이하 「する動詞」로 칭한다.

(3) 部屋を掃除する。

　　방을 청소하다.

(4) 部屋の掃除する。

　　방 청소하다.

(5) *部屋を掃除をする。

　　*방을 청소를 하다.

　(3)에서처럼 한자어 동사문형에 있어서는 동작 대상을 「を」격으로 나타낼 수 있지만 (5)「*部屋を掃除をする/*방을 청소를 하다」와 같이 두개의 「を」격이 중복되는 용법은 불가능하다. 이것은 일본어에는 한 개의 동사가 같은 용법과 의미를 가지는 두 개의 격을 취할 수 없는 제약에 의한 것이다. 이것은 한국어에 있어서도 마찬가지다.

(6) [研究する] → [研究を][する]

　　[研究하다] → [研究를][하다]

(7) *[日本語を] → [研究を][する]

　　*[日本語를] → [研究를][하다]

(8) [日本語を] → [研究する]

[日本語를] → [研究하다]

(9) [日本語の研究を] → [する]
　　[日本語(의)研究를] → [하다]

또, 동작 대상인 보어를 「を」격으로 취하는 것이 가능하다 하더라도 그것이 통과점 성격을 나타내는 경우는 「～の」로 수식할 수 없다.

(10) [旅行する] → [旅行を][する]
　　 [旅行하다] → [旅行을][하다]

(11) [京都を][旅行する] →* [京都を][旅行を]
　　 [する][京都를][旅行하다] ─* [京都를][旅行을][하다]

(12) *[京都の旅行を][する]
　　 *[京都의旅行을][하다]

(13) [散歩する] → [散歩を][する]
　　 [산책하다] → [산책을][하다]

(14) [公園を散歩する] →*[公園을][散歩을]
　　 [する][公園을][산책하다] → *[公園을][산책을][하다]

(15) *[公園の散歩を][する]

　　*[公園의 산책을][하다]

(10)~(15)와 같이, 그 선행 요소인 한자어가 동작성을 갖고 있
어도 동작대상(보어=京都, 公園)에 직접적으로는 영향을 주지 않
는다.

2.「漢字語+する」형과「漢字語+を+する」형의 문법적 기능

자동사, 타동사와 관계하지 않고 대부분의「する動詞」는 한자어
와「する」사이에「を」격의 삽입이 가능한 경우는「する」로의 환언
이 가능하다.

(16) Do as I say, not as I do.

　　내가 하는 걸 흉내내지 마, 말하고 있는 거 하지 마.

이것에 대하여 安田 (1975)는 영어에 있어서 'do'는 (16)의 예문
과 같이 사용되고 있지만 이것은 자동사이고 'do'가 타동사의 목적
어를 포괄하고자 동사의 움직임도 있다고 서술하고 있다.[8] 즉, 安

---

8) 예로서 'change at Osaka (one's train)'라던지 'wite'와 같이 동사 중에 (　)의 안

田氏는「する」도 영어의 자동사 "do"의 경우와 같이 생각할 수 있는 것이고,「勉強する」는「勉強をする」와 같이 보고 있다. 여기서「する」가「(を)する」를 잠재적으로 포함하고 있다고 한다면 한자어 동사는 전체가「漢字語+を+する」의 형으로 환언이 가능해야만 한다. 그렇지만, 아래의 한자어는「する」가 접속하여 동사화 할 때「を」격의 삽입이 가능하지 않는 것들이다.

愛, 課, 関, 暗示, 安定, 意見, 一致, 一定, 意味, 横断, 往復, 応用, 開催, 解散, 開始, 解釈, 該省, 拡大, 拡張, 確定, 獲得, 還元, 刊行, 完了, 希望, 原因, 航海, 向上, 交代, 再開, 参照, 刺激, 休講, 吸収, 救助, 教授, 強調, 共通, 共同, 禁止, 経過, 掲載, 継続, 撈帯, 経由, 死亡, 集中, 使用, 象徴, 勝利, 奨励, 信仰, 陳列, 通行, お世話

이와 같이, 모든 선행 요소에 나타나는「する」를 모두「(を)する」로 나타낼 수 있는 것은 아니다.「する」가 어떤 선행 요소와 결합하는가에 대해서는 개별적으로 파악할 필요가 있다.「汗する」와「横断する」의 경우「する」의 전항요소「汗」와「横断」은 동작성의 유무라는 점에서 성격을 달리한다. 이때「する」의 기능을 보면「汗する」에 있어서는「汗」을 동사화 하는 표면 구조상의 문법적 기능으로 볼 수 없다.「汗をかく」혹은「汗を流す」라는 실질적 의미는 동작성과 작용성 등의 서술적 의미를 가지는 전항 요소에 있고「横

에 목적어가 잠재하고 있는 것과 다름없다고 말하고 있다.

斷」에서는 「する」가 형식적인 문법적 기능 밖에 없다고 볼 수 있다. 즉 「を」격을 삽입할 수 없는 한자어의 동사화하는 문법적인 기능으로써 「する」가 접속한다. 그러나 「漢字語+する」에 있어서 「する」가 문법적 기능밖에 할 수 없다는 것은 「を」격의 삽입이 가능하지 않은 것은 충분 조건일 뿐이고 필요 조건은 아니다. 이는 「を」격의 삽입이 가능한 「運動, 掃除」 등의 한자어도 실질적인 의미를 갖고 있다는 점에서는 크게 다를 바가 없기 때문이다. 즉, 「다른 일반적 동사를 대신한다」라는 기능이 없더라도 동작성을 갖고 있는 한자어는 동사화하는 접사로써 「を」격의 삽입이 가능하지 않은 것과 공통된다. 「を」격을 보어로 한 「する」가 본동사로서의 인정 여부는 각각의 한자어와 「する」의 결합도의 정도에 따라서 다르다고 결론지을 수밖에 없다.

상기의 한자어는 「を」격의 삽입 가능성에 관해서는 일본어를 모어로 하는 자들 사이에서도 혼동이 있을 수 있다. 즉, 이러한 결론이 문법적인가, 비문법적인가의 허용 범위는 매우 애매모호하다. 그래서 여기서 「する」를 대용하여 「行う」를 넣어 검증하여 보기로 한다.

「行う」는 타동사의 「する」와 마찬가지로 「~をする」라는 의미로 사용이 가능하다. 「行う」의쪽이 더 문어적인 느낌을 받지만 목적어를 요구한다는 점에서는 「する」 보다도 그 정도가 높다고 말할 수 있다.

「する」와 「行う」의 환언

① 거의 동등하게 사용해도 좋다고 판단 되는 것.

説明をする 説明を行う

講義をする 講義を行う

調査をする 調査を行う

② 사용해도 무난하다고 판단되는 것.

補導をする 補導を行う

融資をする 融資を行う

発表する 発表を行う

③ 부자연스럽다고 판단되는 것.

洗濯をする *洗濯を行う

油断をする *油断を行う

後悔をする *後悔を行う

①~③과 같이 한자어가 갖는 동작성이 있는지 없는지를 구분할 수있고 이것과 함께「を」격을 개입의 여부에 따라서 동작성의 정도를 판단할 수 있다고 생각된다. 또,「行う」는 그 어휘적 의미 안에「어느 절차를 밟아서 처리한다.」라는 전제가 있기 때문에「油断, 後悔」등 무의식적인 행위의 경우에 부자연스럽다고 판단된다.

3. 「~을/를 하다」형과 「~をする」의 대응 표현

「~을/를 하다」와 「~をする」의 구문이 서로 대응하는 경우이다. 이것은 다음 예문과 같이 보통 연체 수식을 받는 형으로써 「~을/를 하다」와 「~をする」 구문에 나타낼 수 있는 것이 특징이다.

3-1. 분리 불가능 소유의 「する」형과 한국어의 대응 표현[9]

(1) 娘の中にだって玉枝のような白い肌をしているものはなかつた(唯の寺 越前竹人形)
딸들 중에도 玉枝와 같은 흰 피부를 하고 있는 이는 없었다.

(2) 「どうしたの皆さん。そんなに憂鬱そうな をして一」(風に吹かれて)
「왜그래? 모두들. 그런 우울한 듯한 얼굴을 하고....」

(3) 勝利は全然というような、自信に満ちた表情をしていた。(一瞬の夏)
승리는 당연하다는 듯한, 자신에 찬 표정을 하고 있었다.

(4) 三十五歳前後のやせ型の男で、鋭い目つきをしていた。

---

9) 角田(1991)는 이를 〈分離不可能所有〉라고 하고 있다.

（人民は弱し、官吏 は強し）

35세 전후의 마른형의 남자로, 날카로운 눈매를 하고 있었
다.

(5) 横顔を盗み見ると、焦点の定まらないぼんやりとした眼つ
きをしていた。(一瞬の夏)

옆 얼굴을 몰래 보면, 초점이 정해지지 않은 멍한 눈매를 하
고 있었다.

(6) これに對して、スオミの娘らは、どこか意志的で、重く、
暗い瞳をしていた。(風に吹かれて)

이것에 대해, 수오미의 딸들은, 어딘가의 지적으로, 무겁고,
어두운 눈을 하고 있었다.

(7) 喜左衛門は四尺二、三寸しかない小男で、まるで、子供の
ような軀をしていた。(確の寺・越前竹人形)

喜左衛門는 4척 2, 3치 밖에 안되는 작은 남자로, 마치, 아이
와 같은 몸을 하고 있었다.

(8) その子の喜助もまた父親に似て、そっくりの容貌をしてい
た。(確の寺・越 前竹人形)

그 아이인 喜助도 또 아버지도 닮아, 꼭 닮은 용모를 하고 있
었다.

(9) おお、ゴッホのことであるか!すると今度は彼女が不思議
そうな顔をする。(風に吹かれて)
오오, 고호의 것인가! 그러자 이번에는 그녀가 신기한 듯한
얼굴을 한다.

(10) エディはあいかわらず洒落た格好をしていた。(一瞬の
夏)
에디는 변함없이 멋진 모습을 하고 있었다.

(11) いつもと同じスマートな服装をしていたが、顔はむく
み、艶のない皮膚をしていた。(一瞬の夏)
언제나 같은 스마트 한 복장을 하고 있었지만, 얼굴은 붓고,
윤기없는 피부를 하고 있었다.

(12) 近くの商店や住宅はせいぜい二階建ての、くすんだ色を
した木造かレンガ造りで、明治のにおいを濃くただよわ
せている。(人民は弱し、官吏は強し)
근처의 상점과 주택은 기껏해야 2층 건물인, 칙칙한 색깔을
한 목조나 벽돌로 만들어져, 明治의 냄새를 진하게 감돌고
있다.

(13) 内藤のアッパーは朴の顎に、朴のフックは内藤の頬に、
ふたつの血の色をしたグローブは一直線に向かっていっ

た。(一瞬の夏)

內藤의 어퍼컷은 朴의 턱에, 朴의 혹은 內藤의 볼에, 둘의 피의 색을 한 글로브는 일직선으로 향하고 있었다.

(14) 玉枝は白蝶のような顔色をして馬車にのった。(確の寺・越前竹人形)

王校는 무미건조한 얼굴을 하고 마차에 탔다.

(15) 中国人と間違えられて、不倫快な思いをした日本人旅行者もいる。(風に吹かれて)

중국인이라고 잘못 여겨져, 불쾌한 느낌을 받은 일본인 여행자도 있다.

「~している」는 소유를 나타내고 있어 신체 부분과 그 외에 속성을 나타내는 소유물은 소유자와 분리할 수 없다.

(16) a. ウサギは赤い目をしている。

    a'. *目をしている。ウサギ。

    b. 토끼는 빨간 눈을 하고 있다.

    b'. * 눈을 하고 있는 토끼.

그런데 이런 표현에 있어서 「~をする」와 「~을/를 하다」가 서

로에 대응하고 있는 것은 다음 예와 같이 한국어에는 같은 형태로
대응하는 (17)a, b 보다 특정한 동사를 이용하고 있는 (17)b'의 쪽
이 자연스럽다.

(17) a. 娘の中にだって玉枝のような白い肌をしているものは
　　　　なかった。
　　 b. 햐안 피부를 하고 있네.
　　 b'. 피부가 희네.

3-2. 착용을 나타내는 「する」형과 「하다」형의 대응 표현

다음은 「する」와 「하다」가 신체에 착용하는 것을 나타내는 명사
와 결합하는 표현이다. 이 같은 용법에 있어서 「する」와 「하다」는
착용을 나타내고 있다.

(1) a. チラリと見た限りでは、サングラスにマスクをして、ソ
　　　　フト帽を目深にかぶっている。(女社長に乾杯!)
　　 b. 언뜻 보기 만으로는, 선글라스에 마스크를 하고, 소프트
　　　　모자를 깊이 눌러쓰고 있었다.

이와 같이 「する」와 「하다」는 장신구 등을 신체의 일부에 부착시
킨 경우를 의미하며 많은 부분을 덮어 보이지 않게 하는 「着る/입
다」, 「被る /쓰다」, 「履く/신다」 등을 표현 해야 하는 상태에서는 아

래의「する」와「하다」에는 사용하지 않는다.

(2) a. 毎朝十時半ごろになると、<u>上衣を着</u>、襟巻きをして、そ
　　　れから道を横切って学校へ行った。(チップス先生さよ
　　　うなら)
　　 b. 매일 아침 10시 반 쯤이 되면, <u>윗옷을 입고</u>, 목도리를 하
　　　고, 그런 다음 길을 횡단해 학교에 갔다.

　　 a'. *毎朝十時半ごろになると、<u>上衣をし</u>、襟巻きをして、
　　　それから道を横切っ て学校へ行った。
　　 b'. *매일 아침 10시 반 쯤이 되면, <u>윗옷을 하고</u>, 목도리를 하
　　　고, 그런 다음 길을 횡단해 학교에 갔다.

(3) a. 私は髭も剃らず、汚れた<u>靴を履き</u>、カッターシャツの首
　　　筋には垢をつけて、しかも泥のような顔色をしていまし
　　　た。(錦編/宮本輝)
　　 b. 나는 머리도 자르지 않고, 더러워진 <u>신발을 신고</u>, 커터 셔
　　　츠의 목덜미에는 때를 묻히고, 더욱이 진흙 같은 얼굴색을
　　　하고 있었다.

　　 a'. *私は髭も剃らず、汚れた<u>靴をし</u>、カッターシャツの首
　　　筋には 垢話をつけて、…
　　 b'. *나는 수염도 깎지 않고, 더러워진 <u>신발을 하고</u>, 커터 셔

초의 목덜미

〈표2〉 탈착에 관련된 동사의「~을/를 하다」와「~する」의 대리성

탈착에 관한 선행 요소		~을 하다	~ヲ する	한국어 의미	일본어 의미
콘택트렌즈	コンタクトレンズ	+	+	끼다 맞추다	はめる
안경	眼鏡	+	+	끼다 맞추다	かける
안대	眼帯	+	+	차다	あてる
반지	指輪	+	+	끼다 맞추다	はめる
마스크	マスク	+	+	쓰다	かける
귀걸이	イヤリング	+	+	차다	つける
매니큐어	マニキュア	+	+	칠하다	塗る
아이셰도우	アイシェドウ	+	+	칠하다	塗る
마후라	マフラー	+	+	두르다	巻く
장갑	手袋	-	+	(끼다)	はめる
수갑	手錠	-	+	(차다)	はめる
모자	帽子	+	-	쓰다	被る
옷	服	+	-	맞추다	着る
바지	ズボン	-	-	(입다)	(はく)
구두	靴	-	-	(신다)	(はく)

3-3.「직업 · 업종 등을 나타내는 명사+する」형과「하다」형의 대응 표현

다음의 예는「~する」와「~을/를 하다」구문에 나타나는 명사가 직업과 직무, 또는 업종 등을 나타낸 것이다.

(1) 今は解剖学の<u>教授をしている</u>洒落な友人が、昔は吉原に湯たんぽの湯を売りにきたものだと語ったが、湯たんぽというものは確かに便利なものだ。(楡家の人々)
지금은 해부학의 <u>교수를 하고 있는</u> 쇄락한 친구가 옛날에는 吉原에게 탕파의 탕을 팔러 온 사람이었다고 말했지만, 탕파라는 것은 확실히 편리한 것이다.

(2) フィラデルフィアで大学の<u>助手をしていた</u>時期があった。(人民は弱し、官吏は強し)
필라델피아 대학의 <u>조수를 하고 있던</u> 시기가 있었다.

(3) やむをえず、賀来が<u>専売局長をしていた</u>時の部下、...(人民は弱し、官吏 は強し)
어쩔 수 없이, 賀來가 <u>전매 국장을 하고 있었던</u> 때의 부하.

(4) ソファに座ってぼんやりしていると、リングの上で練習生に<u>コーチをしていた</u>野口が、聲をかけてきた。(一瞬の夏)

소파에 앉아 멍하게 있으면, 링 위에서 연습생에게 <u>코치를</u>
<u>하고 있던</u> 野口가 말을 걸어 왔다.

 인간의 활동과 관련이 있는 선행 요소는 「する」와 「하다」와의 결
합이 가능하다. 「教技する」, 「교수를 하다」에 있어서 「교수」는 사
람을 나타내는 실체 성명 사이지만 사람을 나타낸다고 하는 의미
보다는 「가르치는 행위」라는 동사성 명사의 의미가 강하기 때문에
「하다」와 「する」를 접속할 수 있다. 그 외에 직업과 직무 및 업종
등을 나타내는 선행 요소가 「~을/를 하다」를 「~する」와 구문에
나타난 서로 대응하는 경우도 있다. 그러나 이런 표현에서도 대응
하지 않는 경우가 있다.

 (5) 彼女はこのごろしっかり<u>主婦している</u>。(主婦業に勤む)
   *<u>주부를 하고 있다</u>.

4. 「~을/를 하다」형과 「~をする」형이 대응하지 않는 표현

 생리적 현상으로 한국어의 「~을/를 하다」와 일본어의 「~をす
る」표현과의 대응 관계를 대조해 보기로 한다.
 단, 「보다」와 결합이 가능한 명사는 「大便, 小便」이라는 한자어
에 한정한다.

〈표3〉 생리적 현상을 나타내는 선행 요소와의 대응 관계

생리적인 현상		～을 하다	～을 する	일반 동사	일반 동사
하품	あくび	+	+	·	·
재채기	くしゃみ	+	+	·	·
트림	げっぷ	+	+	·	·
기침	咳	+	+	·	·
딸꾹질	しゃっくり	+	+	·	·
숨	息	-	+	쉬다	·
방귀	おなら	-	+	뀌다	·
코고는 소리	いびき	-	-	골다	かく
땀	汗	-	-	흘리다	かく · 流す
눈물	涙	-	-	흘리다	流す
침	よだれ	-	-	흘리다	たらす · 流す

또, 일본어의 「する」가 한국어의 「하다」 뿐만 아니라, 「입다, 당하다」 등의 수동의 의미를 갖는 동사에 대응하는 예도 볼 수 있다.

〈표4〉 신체의 이상 · 변화에 관련한 「～을/를 하다 · ～をする」의 표현

신체의 이상 · 변화		～을 하다	～をする	～에 걸리다	～にかかる
설사	下痢	+	+	·	·
유산	流産	+	+	·	·
임신	姙娠	+	+	·	·
질병	病気	-	+	+	+

결막염	結膜炎	-	+	+	+
말라리아	マラリア	-	+	+	+
결핵	結核	-	+	+	+
맹장	盲腸	-	+	+	+
상처	怪我	-	+	-	-
화상	火傷	-	+	-	-
변비	便秘	-	+	+	-
충치	虫歯	-	-	-	-
감기	風邪	-	-	+	-

　〈표4〉에서 보는 바와 같이 대부분이 한·일 양어에 잘 쓰이지 않는 것을 볼 수 있으나, 일본어에서는 콜레라, 말라리아, 결핵, 홍역, 결막염, 위염, 맹장, 마진 등과 같은 경우에는 경험했다는 뜻이면 「~をする」를 사용 한다.

　한국어의 「~을/를 하다」가 일본어의 「する」에 대응하지 않는 것으로는 먼저 한국어의 「하다 동사」가 일본어의 「言う」라는 동사에 대응하는 것이 있다. 그러나 다음과 같은 표현에서는 「하다」와 「する」가 대응한다.

(1) 星はこの産業の重要性と有利さについて、くりかえし講演をした。(人民は弱し、官史は強し)
　　星는 이 산업의 중요성과 유리성에 대해서, 반복하며 강연을 했다.

(2) 仕事の帰りなどに金子ジムに寄り、内藤やエディと<u>話をし</u>
<u>ている</u>ういちに、私とも親しくなっていた。(一瞬の夏)
일을 끝내고 돌아오는 길에 金子 사무실에 들려서 内藤와 에
디와 <u>이야기를 하고 있는</u> 중에, 그들은 나와 친해지고 있었
다.

(3) 私はひどく安心して、講演というより、雑談のような調子
で気楽な<u>お喋りをした</u>。(風に吹かれて)
나는 굉장히 안심하고, 강연 보다는 잡담을 하는 듯한 자세
로 편하게 <u>이야기를 했다</u>.

(4) …自己に有利な<u>発言をしてくれ</u>そうな者の氏名をあげ、リ
ストにして石橋に提出し、取り調べをしてくれるように
願った。(人民は弱し、官吏は強し)
자기에게 유리한 <u>발언을 해</u> 줄 것같은 사람의 이름을 올려,
리스트로해서 石橋에게 제출하고, 취조를 해주도록 부탁했
다.

이런 명사는 양어에 공통하고 동사성 명사의 의미를 갖고 있기
때문일 것이다.

다음에 한국어에는 「하다」가 무엇인가 만드는 것을 나타내는 경
우가 있다. 예를 들어 「밥을 하다」와 같은 표현이다. 이것은 「ご飯
を炊くこと」라는 의미로 밥을 짓다는 뜻을 나타내고 「밥을 하다」

와 같은 표현은 한마디로 동사로서도 일반에게 인정되어 있다. 그 외에 요리명과 결합하고 그 음식물을 만드는 의미를 나타내는 표현으로 「하다」가 사용되는 예를 많이 볼 수 있지만, 이런 표현은 일본어의 「する」에는 볼 수 없다. 「作る」 등의 일반 동사를 사용하여 구체적으로 표현한다.

그외, 「술」, 「담배」 등을 선행 요소로 한 「술을 하다」, 「담배를 하다」에 있어서 「하다」는 「마시다」, 「피우다」 등의 행위를 나타낸다.

또 다음과 같이 「한잔하다」, 「한대하다」 등의 수량 명사가 「하다」의 앞에 오는 경우도 있다.

「お酒をする、たばこをする」 등은 일본어에도 「する」의 속어 「やる」를 사용해서 「一杯やる、一服する」라고 표현할 수 있다.

(5) 술 한 잔 하실래요?
　　一杯やりませんか。

(6) (담배) 한 대 하고 시작합시다.
　　(タバコ)一服してから始めましょう。

이와 같은 「하다」의 선행 요소를 서정수(1996)는 동작성의 의미를 갖지않고, 실체성의 의미를 갖고 실체성 명사와 「하다」가 결합한다고 하였다.

「하다」는 특정한 상황에 있어서 대용되는 문화적 환경에서부터 관용화되어 형성된 특수한 언어 표현 행위의 일면이 있고 이같은

표현에 있어서「하다」는 그 명사와 관련한 여러 가지 의미를 포괄
적으로 나타내고 있다고 지적하고 있다.

즉, 문맥에 따라서「하다」는 여러 가지 의미로 해석될 수 있다.
그러나「나무를 하다. 英語를 하다.」등의 경우는 한국어의 독특한
표현이다.

또,「砂糖」이하의 조미료, 가루의 상태의 것에는「塩をする、胡
椒をする、酢をする」는 말하지만「砂糖をする、味の素をする」
등은 말할 수 없다. 또 이런 말은「まぶす、降りかける、繰り込
む」등의 행위로서 사용된 액체는「酢をする、油をする」등은 사
람에 따라서 차이가 있고,「油をする、水をする」와 같은 용례는
찾아볼 수 없다. 결국, 확실한 규칙성을 만들 수 없었다.

〈표5〉대리 동사로서의「～을/를 하다」와「～をする」의 대조표

선행 요소		을/를 하다	ヲする	일반 동사	
밥	ご飯	+	-	짓다	炊く
떡	お餅	+	-	만들다	作る
술	お酒	+	-	마시다	飲む
담배	たばこ	+	-	피우다	吸う
노래	歌	+	-	부르다	歌う
장작	薪	+	-	모으다	取る · 集める
영어	英語	+	-	이야기하다	話す
양복	洋服	+	-	맞추다	作る · 誂える
물건	品物	+	-	사들이다	仕入れる
파마	パーマ	+	-	하다	かける

설탕	砂糖	-	-	넣다	入れる
미원	味の素	-	-	넣다	入れる
소금	塩	-	+	넣다	入れる
후추	胡椒	-	+	넣다	入れる
식초	酢	-	+	넣다	入れる
간장	醬油	-	-	넣다	入れる

제4절 「～가 ～에게 ～하다」형과 「～が～にする」의 대응 표현

1. 「～が～に迷惑する」형과 한국어의 대응 표현

「～が～に～する」형에 해당하는 동사군 중에서 「迷惑する」는 특수한 형태의 동사임을 알 수 있다. 즉, 「XがYに～する」의 문형에서 동작 또는 사항(정신적 내용을 포함)이 이동하는 방향이 다른 동사와는 용법이 전혀 다른 것이 특징적이다.

먼저 용법이 비슷하고 한국어에서는 한자어로 존재하지 않거나 「하다 동사」가 될 수 없는 문형을 비교 고찰하기 위해 「迷惑する」와 「影響する」의 예문을 보기로한다.

1) 「迷惑する」

(1) キチジローの口輕には<u>迷惑します</u>が、彼のために恩惠を蒙ったのも事實です。『沈默』

(2) 昔の「お頭」が亡くなったと聞伝えて、下手なものにやって來られては反って<u>迷惑すると</u>、叔父は唯そればかり心配していた。『破壞』

(3) 「パードレ、お前らのためにな、お前らがこの日本国に身勝手な夢を押しっけよるためにな、その夢のためにどれだけ百姓らが<u>迷惑した</u>か考えたか……」『沈默』

(4) 「しかし、校長先生、私からそんな話が出たということになりますと、すこし私も<u>迷惑します</u>」『破壞』

(5) 「この話があの代議士の候補者から出たということだけは決して他に言わないで置いて下さい……さもないと、私が非常に<u>迷惑しますから</u>」『破壞』

(6) 「噂にもよりけりさ。そんなことを言われちゃあ、大に吾せいが<u>迷惑する</u>ねえ。克く町の人は種々なことを言触らす。『破壞』

(7) 「そうもいかない。学校の方だって都合があるからね。第一、君が<u>迷惑する</u>」『破壞』

(8) それを露骨に遣られては、私も<u>迷惑した</u>かも知れません。『こころ』

(9) なあに、あんな女にはそのくらいのことを云ってやった方がいいのよ、でないと此方まで<u>迷惑する</u>から。『痴人の愛』

(10) 「だからあの時分、恐らく一番<u>迷惑した</u>のは植木屋のかみ

さんだったでしょうよ。『痴人の愛』

(11) 迷惑するのはいつも私のような現場の人間なのだ。『世界
　　 の終わりとハードボイルド・ワンダーランド』

(12)「いやいや。そのような道理を承知なら、聞きわけよく耳
　　 かたむけられたい。勇氣も時には他人迷惑になる。『沈
　　 默』

(13)《おまえたちなんか足もとにも及ばない上品なお客さん
　　 方》の迷惑になっている、とありたけの聲をはりあげてど
　　 なったことがあったからである。『異邦人』

(14) 私は何よりも宅のものの迷惑になるような記事の出るの
　　 を恐れたのです。『こころ』

(15) 会社が迷惑を受けることの無いためには、この神を忘れ
　　 た惡漢の死を望むほどであるが、神は我らを嫌疑から保
　　 護し給うであろう。『沈默』

(16) もし自分の噂が姫子澤へ伝わったら、その為に叔父夫婦
　　 はどんな迷惑を蒙るかも知れない、ひょっとしたらあの
　　 村には居られなくなる-----どうしたものだろう。『破
　　 壊』

(17) おかみさん、まことに飛んだ關わり合いでご迷惑をかけ
　　 て濟みませんが…『痴人の愛』

(18) そう云う迷惑をかける男は当然鼓を鳴らして責むべき者
　　 だ。『羅生門』

(19) ラズミーヒンは氣が付いたが、友人に迷惑をかけまいと

して、素知らぬ顔で通りすぎたのだった。『異邦人』

(20)「わからないのに迷惑ばかりかけられている」『世界の終わりとハードボイルド・ワンダーランド』

(21)「いったいにパードレたちの中にはこの盲目の勇氣にとりつかれて、日本国に迷惑かけることを忘れる者が多い」『沈默』

(22)こう言って、おもいがけない出來事の為に飛んだ迷惑を人々に懸けた、とかえすがえす氣の毒がる。『破壞』

(23)たまにはいいけれど、たびたび來られると迷惑だわ。『痴人の愛』

(24)「…少し遅刻しちゃったけど、このあいだごちそうになったことでもあるしね。迷惑だった？」(『世界の終わりとハードボイルド・ワンダーランド』

2)「影響した」

(1) 今日の空模様も少からず、この平安朝の下人のSentimentalismに影響した。『異邦人』

(2)「奥さんのこの態度が自然に私の氣分に影響して來ました。『こころ』

(3) 私は二度同じ言葉を繰り返しました。そうして、その言葉がKの上にどう影響するかを見詰めていました。『こころ』

(4) 江戸情緒の名殘りをもった下町に生れ育ったことは、のち

の谷崎の歩みに少なからず<u>影響している</u>と思われる。『痴
人の愛』

(5) 「部屋？…」と彼はぼんやり答えた。「うん、部屋もかなり
<u>影響してます</u>ね…『罪と罰』

(6) それがあれに<u>影響して</u>、むしろそれを好いてくれたようで
した。『罪と罰』

(7) かつて遊興のために往來をした覺のない先生は、歡樂の交
際から出る親しみ以上に、何時か私の頭に<u>影響を与えてい
た</u>。『こころ』

(8) 最後的な<u>影響をあたえる</u>には、いまをのぞいてはないとい
うような状況のときに、起こったのか？『罪と罰』

(9) あの男が言わば侮辱という精神的<u>影響をあたえる</u>ことに
よって、事態の進行を早めたかもしれないということにつ
いては、別に異をたてません。『罪と罰』

(10) ここの空氣は俺にも君にも良い<u>影響を与えない</u>。『世界の
終わりとハードボイルド・ワンダーランド』

(11) 最も強く明治の<u>影響を受けた</u>私どもが、その後に生き
殘っているのは必竟時勢遅れだという感じが烈しく私の
胸を打ちました。『こころ』

(12) しだいに被差別民の多くがこれらの仕事に従うように
なったことと、仏教思想の<u>影響を受けた</u>神道の触穢觀
念、殺生の禁止、肉食忌避の風習が貴族の間に生じるに
至ったことなどが相合して、賤業視される結果になった

　　ものと思われる。

(13) この飲食店で聞いたつまらない会話が、事態のその後の
　　發展につれて、彼にきわめて大きな<u>影響をもった</u>。『罪と
　　罰』

(14) 彼らは危険だ。おそらく彼らは君に何らかの悪い<u>影響を</u>
　　<u>及ぼす</u>だろう。君はなんというか 、まだ定まっておらん
　　人間だからね。『世界の終わりとハードボイルド・ワン
　　ダーランド』

(14) それは全員に共通したことですな。特定の果物の匂いが
　　ジャンクションに<u>影響を及ぼす</u>のです。(『世界の終わり
　　とハードボイルド・ワンダーランド』

(15) これは彼の父の感化なのか、又は自分の生れた家、卽ち
　　寺という一種特別な建物に屬する<u>空氣の影響なのか</u>、解
　　りません。『こころ』

　앞에서 보는 바와 같이 여기에서「迷惑 · 影響」는「する、受け
る、与える」가 접속할 수 있는 한자어이다.
　여기에서 이와 같은「迷惑する」와 같은 문형으로 같은 용법을
가지는「影響する」와 비교해 고찰해 보기로 한다.

　(A) AがBに迷惑する。
　　　*A가 B에게 폐를 끼치다.

(B) AがBに迷惑を被る(受ける)

　　A가 B에게 피해를 받다.

(C) BがAに迷惑をかける。

　　B가 A에게 폐를 끼치다.

「迷惑する」에서 「する」는 「어떤 행위와 동작을 행한다.」를 의미하는 용법으로 사용된다. 또, 「迷惑」는 (2), (3)의 예문처럼 「被る(受ける)」 혹은 「かける」라는 동사와 연결이 되어 A와 B와의 관계를 나타낸다. 여기에서 (1)의 「する」의 경우는 위의 예의 (3)「被る(受ける)」를 대체 할 수 있다.

(D) AがBに影響する。

　　A가 B에게 영향을 주다.

(E) BがAに影響をかける。

　　B가 A에게 영향을 끼치다.

(F) AがBに影響を与える。

　　A가 B에게 영향을 입히다.

「影響する」는 「受ける」, 「与える」의 동사와 연결되나 여기서는 (6)은 「与える」의 의미를 대신하고 있다. 이것은 동작의 행해지는 방향과도 반대한다.

(16) 山田さんが突然の來客に迷惑した。

야마다 씨가 불청객으로 곤란해 하다.

(17) 中国の文化が日本の文化に影響した。

중국 문화가 일본 문화에 영향을 끼쳤다.

(16)에서 실제로 폐를 끼치는 것은 돌연히 방문한 손님의 쪽이다. 결국,「迷惑」는 동작 자체는「突然の來客→山田さん」의 쪽에서 행해진 것을 나타낸다.

한편, (17)에서는 중국의 문화가 일본의 문화에 영향을 끼친 것이고,「中国の文化→일본의 문화」라는 방향이라 할 수 있다. 여기서 흥미 깊은 것은「影響する」에서「する」가「与える」라는 동사로 바꿀 수 있는 것에 대해서「迷惑する」에서는「山田さんが突然の來客に迷惑被った(受けた)。」라는 것처럼「被った(受けた)」로 바꿀 수 있는 것이다. 굳이「与える」라는 의미로 사용한다면 각각의 보어의 위치가 뒤바뀌어「突然の來客が山田さんに迷惑を与えた」라 하지 않으면 안되는 것이다.

본 연구자는 다른 한자어에도 비슷한 용법의 동사를 적용해 봤지만「迷惑する」와 같이 동작이 일어나는 방향이 반대인 선행 요소의 한자어는 없었다. 즉,「漢字語+する」에서「する」가「동작을 받는다.」의 의미로 해석 가능한 것을 찾을 수 없었다.

또, 이것들은 수동문으로 하면 (19)는 가능하지만, (18)의 경우
는 드물고, 그렇지 않으면 조금 부자연스러운 느낌을 받는다.

(18) *突然の來客が山田さんに迷惑された。
    *불청객은 야마다 씨를 곤란하게 했다.

(19) 日本の文化が中国の文化に影響された。
    일본 문화가 중국 문화에 영향받았다.

(18)과 (19)의 차이로는 (19)에서는 「中国の文化によって」로
바꾸어 말하는 것이 가능하지만 (20)에서는 「山田さんにとって」
정도로 밖에 바꿀 수 없는 것이다. 조금 뉘앙스는 다르지만 다음과
같은 표현에서 그것이 더 분명해진다.

(20) サラダ油のセットは山田さんに迷惑された。
    식용유 세트는 야마다씨에게 폐를 끼쳤다.
    *식용유 세트는 야마다씨에게 폐였다.

이와 같이 「迷惑する」는 「~が~に」라는 두 개의 격을 요구하고
다른 사람에게 무언가 영향을 끼친다는 의미이면서 직접 수동, 간
접 수동을 붙이기 어려운 성질이 있다. 이것은 「迷惑」가 수동의 성
질을 가지고 있기 때문일 것이다.

2. 「負傷하다 · 被爆하다 · 火傷하다」의 대응

「迷惑する」와 같은 수동적 의미를 갖는 것으로는 다음과 같은
것이있다.

(G) 負傷する→Aが〜で負傷する A가〜에서 부상하다.
　　*Aが〜で負傷される A가 〜에서 부상당하다.

(H) 被爆する→Aが被爆する A가 피폭하다.
　　*Aが被爆された A가 피폭당하다.

(I) 火傷する→Aが火傷する A가 화상하다.
　　*Aが火傷される A가 화상당하다。

　이와 같은 한자어는 한국어에서 「하다」를 접속해서 「負傷하다」
라고는 할 수 있지만 「被爆하다」, 「火傷하다」라고 할 수 없는 것과
같이 「被爆 당하다 (被爆されるの意)」, 「火傷을 입다. (火傷を受け
るの意)」란 용법밖에 존재하지 않으므로 한국어를 모어로 하는 일
본어 학습자에게는 오용이 일어나기 쉽다.
　이와 같이 한자어에 수동의 성질을 포함하는 한자어 동사는 수
동태로 하는 것은 불가능 하다. 이같은 수동의 성질의 한자어로 다
음과 같은 「〜が〜に〜を教える」와 「〜が〜に〜を教わる」를 예로
들어 고찰해 보기로 한다.

(21) 学生が先生に英語を教わる。

　　　학생이 선생님에게 영어를 배우다.

(22) 先生が学生に英語を教わられた。

　　　선생님이 학생에게 영어를 가르치다.

(23) 学生が先生に英語を数えられる。

　　　학생이 선생님에게 영어를 배움을 받다.

「教える」의 수동형「教わる」는 수동태가 될 수 없다.

　지금까지 고찰한 바와 같이 한자어에「하다」와「する」가 접속하여 단순히 동사를 만든다고 하지만 이와 같은 동작이 행해지는 방향이 다른 동사와는 반대의 방향으로 작용하는 용법은 일본어가 능숙한 상급 수준의 일본어 학습자라 할지라도 바르게 이해하고 사용하기 어려운 문제이다.

　다른 한자어의 용법을 그대로 응용하여「AがBに迷惑した」를「AがBに迷惑をかけた」라는 의미의 용법으로 사용하여 오용을 일으키게 되는 것이다.

　이와 같이「する」는 단지 명사 등에 접속해서 동사화 하는 것 뿐이 아니고 그 문장의 구성 요소인 보어와의 관계를 나타내는 역할을 담당하고 있다.

　이상 1~4절은 다음과 같이 정리할 수 있다.「하다」와「する」와 결합하는 선행 요소가 각각 어떻게 대응하고 있는 가를 통해「하다」와 「する」의 용법의 유사점과 상이점을 고찰해 보았다.

우선, 「하다」와 「する」와의 차이점은 한국어의 「하다」가 타동사로서의 용법밖에 없지만, 일본어의 「する」에는 타동사로서의 용법뿐만 아니라 자동사로서의 용법도 존재하여 「が」를 동반하여 사용된다는 것을 확인할 수 있었다.

또한, 「하다」가 명사와 결합할 때에 격조사의 개입이 가능하고 「する」가 명사와 결합 할 때에도 격조사의 개입이 가능하다.

이 중 「〜을/를 하다」와 「〜をする」의 대응은 「하다」와 「する」의 대표적 대응 관계라고 볼 수 있다. 이는 한·일 양어의 「하다」와 「する」가 기본적으로 동작이나 상태 등 동사성의 의미를 갖는 명사와 결합해 상호 대용하기 때문이라고 분석할 수 있다.

여기에서 문법적인 기능만으로는 판단할 수 없는 경우가 있다. 한·일 양어는 같은 의미를 갖는 명사라 하더라도 각각의 언어가 동사성 여부의 판단의 기준은 반드시 일치하지 않는다. 또 같은 동사성 명사를 선행 요소로 하더라도 「하다」와 「する」가 반드시 서로 대응하지 않는다. 이는 양어의 「하다」와 「する」가 선행 요소의 가능 여부의 판단은 각각 양어의 언어의 관용에 의하기 때문에 당연한 일이다.

양어에 공통으로 대응되는 경우와 대응하지 않는 경우를 보면 먼저, 「〜をする」와 「〜을/를 하다」가 대응하는 경우는 거의 대부분 대응하고 있다.

또 착용을 표현하는 경우에 직업이나 지위, 업종 등을 표현하는 명사와 결합하는 경우에도 양어의 「하다」와 「する」와에 공통된 용법이 보인다.

그러나 「~がする」에 대한 한국어의 대응은 「する」에 다양한 동사가 대응하고 있다. 이러한 「する」에 대응하는 한국어의 다양한 동사들은 실질적 의미가 적어 기능 동사적이라고 볼 수 있다. 자연 현상을 표현할 때 양어와 함께 명사가 중심이 되는 명사적 표현 형태를 취한다는 점은 공통점이라 할 수 있다. 하지만 한국어의 경우 일본어의 「~がする」와 비교해 각기 고유의 의미를 갖고 있는 것에 비해 일본어의 「~がする」 표현은 보다 명사에 의미의 동점이 주어진 명사적 표현으로 볼 수 있다.

이와 같이 「~がする」 표현에 주목하면 한국어의 「하다」와는 다르게 일본어의 「する」가 자연 현상문에도 쓰여 보다 명사에 중점을 둔 표현을 가능하게 하는 것을 알 수 있다. 즉, 일본어에서는 선행 요소인 명사에 중점을 두어 명사적 표현이 지향된다는 것을 지적할 수 있다. 한국어의 경우 자연 현상을 표현하는 문장은 조사가 탈락해 복합동사화 되어 하나의 단어로 되는 것이 상당히 많아 일본어와 다른 점이 있다.

결론적으로 감각 기관의 무의식 현상에 관한 「~がする/~가 하다」의 접속과 같이 일본어의 「する」가 한국어의 「하다」 보다 폭넓은 의미와 다양한 기능 면이 있다고 볼 수 있다. 앞에서 언급한 것처럼 「하다」와 「する」는 포괄적인 의미를 갖고 있어 특정한 의미를 부여할 수 없는 동사이지만 일본어의 「する」는 타동사 용법의 「~をする」와 자동사 용법의 「~がする」가 공존하는 데 비해 한국어의 「하다」는 자동사 용법인 「~이/가 하다」의 용법이 없고 타동

사 용법인「~을/를 하다」밖에 없다는 차이를 보였다.

「~을/를 하다」와「~をする」는「하다」와「する」의 대표적 용법이다. 이 문형은 기본적으로 동작과 상태 등의 동사성의 의미를 갖는 명사와 결합하고 이 같은 류에 있어서 서로 대용하는 경우가 많다. 그러나 같은 의미를 갖는 명사일지라도 각각의 언어가 동사성을 갖는 명사와 접속하는지 그렇지 않은지에 관해서는 반드시 일치하지 않고 대응의 기준에서 벗어나는 것도 있다.

본 절에서는 주로 실제성의 의미를 갖고 있는 명사를 대상으로 해서 고찰하였다.「する」와「하다」가 실체성의 의미를 갖는 명사와 결합한 경우는 서로의 언어의 실용에 좌우되기 때문에 대응의 기준에서 벗어나는 것은 당연하다.

우선,「~을/를 하다」와「~をする」가 대응하는 경우를 보면「분리 불가능한 용법」은 대응하고 있다. 또, 착용을 나타내는 용법과 직업 · 직무 · 업종 등을 나타내는 명사와 결합하는 경우에도 대체로 대응하고 있고 도구 명사를 선행 요소로 하는 표현에 있어서도「する」와「하다」가 공통으로 사용할 수 있다. 이런 용법은 착용 명사와 결합하는「する」와「하다」의 용법에 서로 비슷한 경향을 보였다.

한편,「~을/를 하다」와「~をする」가 서로 대응하지 않는 경우는 먼저 생리적 표현을 들 수 있다.

제3장

「する」와「やる」형과 한국어의 대응 표현

「する」의 유의어인 「やる」는 파생되는 문장 구성도 복잡하다. 「やる」의 의미·용법과 문법적 특색을 고찰하는 것은 「する」의 의미·용법을 규명하는 중요한 연구의 하나이고 일본어 교육의 관점에서도 매우 중요한 의의가 있고 또한, 「하다」와 「する」의 의미적 특질을 규명하는 매개체의 방법으로서 「やる」를 고찰하는 것 또한 의미가 크다.

神田(1982)는 「する」와 「やる」의 각각의 고유한 용법을 제외하면 「する」는 「やる」와 바꾸어 사용할 수 있고 이와 같이 바꾸어 사용한 경우는 「일반적인 행위」「体言+を+する」, 「こそあど+する」, 「擬態語+する」 등이 있다고 분류하였다.

(1) 일반적인 행위

　① する(やる)だけのことはした(やった)。
　　할 일은 했다.

　② 事務当局のし(やっ)たことで、私は知りません。
　　사무 당국이 한 일이라서 나는 모릅니다.

(2)「체언+をする」

a. サ행 변격 동사의 어간이 되는 「名称+をする」
　③ 勉強·研究·洗濯·試合·交際+をする
　④ 注意·心配·ひいき·中止+をする

b. サ행 변격 동사 어간 이외 「名詞+をする」
　⑤ 編み物·テニス·噂話·仲人·はしか·ドジ+をする
　⑥ 生き方·旅·けが·栓+をする

c.「体言+を+する」

(3)「こそあど+する」
(4)「擬態語+する」

(2)의 「~をする」의 앞에 추상성이 강한 명사가 올 때와 サ행 변격 동사로서 숙어의 합성 정도가 높을 때④, ⑥의 예와 같이 「やる」는 사용되지 않는다. 그러나 「を」에 의해 제시되는 선행 요소의 대상을 「する」로 바꾸는 것은 가능할 때가 있다. 그것은 선행 요소가 「する」와 분리 되었다고 인식하는 경우이거나 구체적인 행동을 제시하는 경우이다. 한 예로 「可愛い顔(예쁜 얼굴)」 등과 같이 언어로 된 구는 「する」가 「やる」로 바뀌지 않는다. 즉, 명사를 수식하는 수식어가 앞에 자리 할 때에는 「~をする」의 용법 만이 가능하다.

그리고, (1)일반적인 행위, (3)こそあど, (4) 의태어에 「する」와 「やる」가 접속하는 경우에는 선행 요소와 접속한 「やる」를 한 뭉치로 보았을 때 전체가 동작성이 강하고 그 동작을 행하는 의지가 느껴지는 경우와 「一杯やる」처럼 속어와 같이 사용되는 경우도 있다. 여기에서 일반적인 행위의 정신 활동은 무엇을 가리키는지 뚜렷이 구별되지 않고 용례도 적기 때문에 이 같은 개략적인 구별은 앞으로 연구의 과제로 남는다.

王鐵橋(1998)는 「する・やる・行う」에 대해서의 구문론 분석의 연구에서 다음과 같이 분석하고 있다.

1) 「やる」는 의지적 동작・행위를 표현하는 동사로, 무의식적인 동작 행위 상태를 표현하지 않는다.

 (1) 「する」가 타동사로서 무의지적인 행위를 나타내는 경우

① 欠伸をする。

하품하다.

② 君は骨折をしたことがあるか。

자네는 골절을 입은 적이 있나.

(2)「する」타동사로서 무의지적인 상태를 표현하는 경우

③ かわいい顔をした赤ちゃん。

얼굴이 귀여운 아기.

② 栓をした瓶。

뚜껑을 닫은 병.

(3) 자동사로서사용되는경우

⑤ とてもいいにおいがしますね。

매우 좋은 냄새가 나네요.

⑥ めまいがする。

현기증이 나다.

2)「やる」는 동작성이 강하여 정지된 상태 행위를 표현할 때「や

る」는 부적절 하다

⑦ 休憩をした。
　휴식을 했다.

⑧ 休養をした。
　휴양을 했다.

3) 「やる」는 구체성이 강하여 추상어 정신 활동을 대상으로 하지 않기 때문에 이 경우는 「やる」는 부적절하다.

⑨ 結婚をする。
　결혼을 하다.

⑩ 注意をする。
　주의를 하다.

4) 「やる」는 구어적으로 조심성 없이 아무렇게나 말하는 모양으로 사용된다.

⑪ 来週テストをやるよ。
　다음 주에 시험 봐요.

⑫ よくやってるねえ。

잘했어.

5)「やる」는「する」「行う」보다 속어적이고 의욕적인 표현으로
사용된다.

⑬ この給料じゃ、どうしてもやっていけない。

이 월급으로는 도저히 살 수가 없다.

⑭ 一杯やろう。

한 잔 하자.

6)「やる」는 독립성이 강하여, 접미어적으로, 형식적 사용법은
없다.

⑮ 期待に反する。

기대에 어긋나다.

⑯ 握手をして二人は仲直りした。

악수를 하고 나서 두사람은 화해했다.

王鐵橋(1998) 연구의 문제점은 种田(1982)와 마찬가지로「や
る」의 특성으로서「ヲ격 명사」와의 독립성 동작성, 구체성, 의지성

이 강한 것을 들고 있다.

⑰ 運動をやる。

운동을 하다.

⑱ 散步をやる。

산책을 하다.

그러나 위 설명에서 위에 예문은 ⑯은 말할 수 있지만 ⑰은 말할 수 없는 이유는 납득할 수 없다. 또, 질병에 관한 「肺炎をやった/폐렴을 앓았다」에 의지성이 있다고는 생각할 수 없다. 이러한 여러 가지 의미의 특성을 연결지어 공통 분모를 찾아내는 것이 문제 해결의 실마리가 될 수 있다고 생각된다.

森田(1898)는 「する」와 공통되는 면을 가지지만 「する」의 경우에는 가능한 무의지적인 동작과 상태성의 명사를 「やる」로 받을 수는 없고 「やる」는 의지적 행위에만 한정되어 사용된다고 규정하였다. 한편, 「する」의 경우에는 무의지적인 행위를 나타내는 용법의 하나인 동작성을 나타내는 생리 현상(숨/하품/기침 등), 또는 당사자에게 있어서 하나의 체내의 경험, 병력이 되는 부상과 질병 관계의 말(상처/골절/화상 등)을 들어, 「그 경우에는 인간 행위이기 때문에」 「やる」가 가능하다고 하였다. 「인간 행위이기 때문에」가 무엇을 의미하고 있는지 분명하지 않지만 森田 씨가 규정한 「의지적 행위」와는 모순된다고 생각된다.

針谷(2000)는「やる」를 통시적으로 고찰하고,「やる」의 의미의 특징을 시점과 종점을 가진「진행」이라는 시점에서「やる」의 용법을 제시하여 논을 전개하였다. 針谷는「やる」의 의미가 현대어에도 계속되어 사용되고 있는 점을 통시적으로 검증하고「やる」의 용법을 고찰하였다. 또한,「やる」의 본질을 규명하기 위하여 의미론적인 관점으로「する」와의 관련성과「やる」의 고찰 대상은 동작·상태를 대상으로 하는「やる」의 문맥을 중심으로 연구를 진행하였다.

제1절「やる」의 고유의 의미의 특징과 용법

「やる」는 문맥 속에서 실질적인 의미를 갖는다. 종래에는 의미의 애매함, 추상성이 지적되어 왔으나, 의미에 있어서「진행」의 의의는 분명히 지적할 수 있다. 또 동작의 판결에 초점을 맞추어 보면, 그것은「する」와는 다른 사태 판결을 목표로 하는 적극성을 나타내고 있다. 그것은「やる」와 결합한 명사, 형용사, 복합 동사 등에도 보여진다.「やる」의 의미를 바탕으로 구문에서의 의미와 용법을 고찰해보기로 한다.

「やる」는 회화에 많이 사용되고, 문맥에 많이 의존하기 때문에 여러 의미를 가지고 있고 공통적으로 針谷(2000)가 주장하고 있는「진행」이라는 의미가 포함되어 있다. 여기에서는 문맥에 관한 개별적 의미를 선행 요소에 따라 森田의「やる」의 기본적 의의를

1) 도착점이 정해져 의식적으로 진행시키는 행위의 경우

2) 영향을 입히는 경우

3) 행위의 진행인 경우

3가지로 크게 분류하였다.

1) 주체가 대상을 주체 영역에서 다른 영역으로 옮기는 행위를 표현하는 용법

(1) 주체가 대상(人)에게 어떤 장소에 가게 하다.

① 父親は祖父の家に娘を見舞いにやった。
아버지는 딸을 할아버지 집에 병문안 보냈다.

② 彼女は苦労して3人の息子を大学へやった。
그녀는 고생해서 세 아들을 대학에 보냈다.

③ (話し手が運転手に)駅までやってくれ。
(화자가 운전사에게) 역까지 가 줘.

(2) 주체가 대상(사물)을 주체 영역 이외의 곳으로 이동시키는 행위를 표현하는 용법

① 酔っ拂ってまた財布をどこかにやってしまった。
취해서 지갑을 어딘가에 떨어뜨렸다.

② (話し手カイ運送業者に)この荷物、邪魔だからそっち
にやって。
(화자가운송업자에게) 이 짐, 방해되니까 저리로 치워.

③ (話し手が所有する指輪を持ち出した子供に)どこに
やったの？正直に言いなさい。
(화자가 소유하는 반지를 가지고 나간 아이에게) 어디다
뒀니? 솔직히 말해.

(3) 주체가 대상(신체 한 부분)을 어떤 방향으로 향하게 하는 행
위를 표현하는 용법

① 彼女は困ったように頭に手をやった。
그녀는 곤란한 듯이 머리를 만졌다.

② 父は昔を壞かしむかように遠くへ目をやった。
아버지는 그리운 듯이 먼 곳을 바라봤다.

③ 彼女は離れ難しそうに、その繪に視線をやったまま
だった。

그녀는 떠나기 힘들다는 듯이 그 그림을 본 채 그대로 있
었다.

2) 주체가 어느 정도 대상에게 영향을 입히는 경우

(1) 주체가 대상(사물)을 동등하게 하거나 현재의 사람에게 영
    향을줌

    ① 弟に腕時計をやる。
      동생에게 손목시계를 주다.

    ② 花に水をやる。
      꽃에 물을 주다.

    ③ 彼女に手紙をやる。
      그녀에게 편지를 주다.

(2) 주제가 대상(위험한 행위)으로 사람에게 영향을 끼치다.

    ① (妻が夫に)一發ガンとやれば？この娘たち。
      (아내가 남편에게) 딸들 좀 혼내요.

    ② 行方不明の彼は、どうやらやくざにやられたらしい。

행방불명된 그는 아무래도 조직 폭력배에게 당한 것 같아.

(3) 이익 은혜의 공여

① (兄が弟に)心配するな、俺が何とかしてやるから。
(형이 동생에게) 걱정하지 마. 내가 어떻게든 해줄 테니까.

② ウチの息子にも聞かせてやりたいよ。
우리 아들에게도 물어보고 싶어요.

③ 僕は大切なCDを娘に貸してやった。
나는 소중한 CD를 딸에게 빌려주었다.

(4) 불이익의 공여

① 今度こそS電機との事を問い詰めてやる。
이번이야말로 S전기 기계와의 일을 캐묻겠어.

② 裁判のときは、あなたの卑怯な手段を暴露してやる!
재판 때 당신의 비겁한 수단을 폭로하고 말겠어!

③ 今度あいつが來たら怒鳴りつけてやる。
다음에 그녀석이 오면 호통을 쳐야 겠어.

(5) 자포자기, 강한 의지

　① こんな会社、こっちの方かちやめてやる。
　　이런 회사라면 내가 먼저 관둔다.

　② 自殺してやる。
　　자살할 거다.

　③ 来年こそは合格してやる。
　　내년이야 말로 합격할 테다.

3) 행위를 진행시키는 경우

(1) 어떤 임무 · 지위 · 직업에 종사하다 · 장사 등을 경영하다

　① 教師をやる。
　　교사를 하다

　② 私の母は青山で小さな料理をやっています。
　　나의 모친은 아오야마에서 작은 요리 가게를 하고 있습
　　니다.

(2) ～의 역할을 하다 · 방영하다 · 상영하다

① 彼にハムレットをやらせたら、右にでるものはいない
だろうよ
그가 햄릿의 역할로는 제일 잘 어울려.

② (テレビに背を向けているAが、テレビを見ているBに)
(TV 쪽으로 등을 향해 있는 A가 TV를 보고 있는 B에게)
A：今テレビなにやってる?
지금 TV에서 뭐하고 있어?
B：ニュース23だよ。
뉴스23이야.

③「ローマの休日」は、あの映着館でやってるらしい。
「로마의 휴일」은 저 영화관에서 상영하고 있는 것 같아.

(3) 살다 · 생활하다

① (上京した息子に母親が)東京はどう?元氣にやってる?
(상경한 아들에게 모친이) 동경은 어떠니? 건강하게 잘
지내고 있니?

② 料理もろくにできない娘が結婚だなんて、うまくやっ
ていけるかなあ?
요리도 제대로 못하는 딸이 결혼 한다니, 잘 할 수 있을

까?

③ 私一人の収入ではとてもやっていけない。

혼자의 수입으로는 도저히 안돼.

(4) 나쁜 일 · 공정하지 않은 행위를 하다

① 麻藥は一度やるとやめられない。

마약을 한 번 하면 끊지 못 한다.

② シンナーをやると、まず中枢神経が冒される。

시너를 마시면 제일 먼저 중추 신경에 해를 끼친다.

(5) 병에 걸리다

① 息子はまだ、おたふく風邪をやっていない。

아들은 아직까지 유행성 이하선염을 앓고 있지 않다.

② 私は去年、胃潰瘍をやった。

나는 작년에 위궤양을 앓았다.

③ はしかは何歳のときにやりましたか?

홍역은 몇 살 때 앓았습니까?

(6) 구체적·통일적 의미에서 분류할 수 없는 용해

① 今夜のパーティは親しい人ばかりですから、大いに樂しくやりましょう。

오늘 파티는 친한 사람들만 있으니까 즐겁게 놀아요.

② A：フィラデルフィアの工場をきっと立て直してみせる。

필라델피아 공장을 꼭 일으켜 세워 볼 테야.

B：できるの？そんなことが？

가능해? 그게?

A：やるよ、やってみせる。

할 거야. 해 보이겠어.

③ A：三重跳ぴなんてできるわけないよ。

3단 뛰기라니 가능 할 리가 없어요.

B：やりもしないで、そんな事言わないの。

해 보지도 않고 그런 말은 하지 마

④ A：私もお花を習ってみたいわ。

나도 꽃꽂이 배워보고 싶어.

B：じゃ、やってみればいいしゃない。

그럼 배우면 되잖아.

⑤ A: 腕相撲で俺様に勝てる奴はいないよ。

　　　팔씨름으로 날 이길 녀석은 없어.

　　B : ようし、やってやろうじゃん。

　　　좋아, 나랑 해 보자.

⑥ お前、少し休暇とっていいぞ。いつも、よくやってく
　 れるからな。

　　너 좀 쉬지 그래? 항상 일 만 하니까.

⑦ 岩本選手、見事です。E難度の技、とうとうやりまし
　 た。

　　이와모토 선수, 훌륭합니다. E 난이도의 기술을 마침내
　　해냈습니다.

⑧ 人間、死ぬ氣でやればやれない事はない。

　　사람은 죽을 각오로 하면 못할 게 없어.

⑨ やった!合格したぞ!

　　해냈다! 합격했어!

　1)은 도착점으로 진행시키는 의지적 행위의 뜻이고, 2)는 행위
에 영향을 주는 뜻이므로 「する」는 쓸 수 없다.

　그 이유는 「やる」가 기본적인 방향성·진행성을 내재하고 있는

동사이기 때문으로 볼 수 있다. 우선 1)과 3)은 도착점에 중점이 맞추어져 있는지 아닌지 그 차이로 나누었다. 3)에서 행위를 진행할 수 있는 것에 있어서는 「する」와 「やる」가 같은 의미로 겹쳐질 수 있는 부분일지 모르나. 3)에서 (1)을 (2)~(5)의 항목은 「する」와 위치 교환이 불가능하다. 그러므로 3)에 있어서의 「やる」는 그 고유한 의미의 특징이라고 말할 수 있다. 모든 동작에는 계속성이 있다. 여기에서 (1)~(5)에 해당하지 않는 용례를 다음의 (6)으로 분류한다. (6)에 분류된 용례는 매우 많고, 그 대부분이 구어적 표현이다. 「やる」는 문맥이 허용하는 한 여러 가지 동사를 대신 한다. 그렇기 때문에 구체적 · 통일적 의미로 분류할 수 없지만 「진행」이라는 뜻은 공통으로 가지고 있다고 생각한다. (6)에는 「する」와의 위치 변환이 가능한 것과 불가능한 경우가 있지만 「する」가 불가능한 용례를 제시하고 그 공통성을 찾기로한다.

⑨는 합격 발표장에서 자신의 이름을 발견했을 때의 환호이다. 이것은 합격하고자 하는 적극적 의지가 목적을 이루었다는 것을 나타내고 있다. 즉, 단순한 의지적 행위가 아니라 주체가 대상(=합격)을 목적 대로 해내려는 적극적 의지가 내포되어 있다는 것이다. 사태를 수행하는 의지는 「やる」 고유의 의미이기 때문에 「する」가 부적절하다는 예로는 충분하다고 생각한다. 행위 대상의 작용이나 그 경과가 아니라 「행위 완결에 주안점을 두고 있는 것」을 「やる」의 의미의 특징의 하나로 본다.

「やる」의 의미를 종합하여 보면 다음과 같이 정리 할 수 있다.

1) 「やる」의 단어적인 의미

① 나아가게 하다.

東京驛までやってくれ。동경역까지 몰아 주게。

② 보내다.

使いをやる。심부름을 보냈다.

③ 옮기다.

本はどこへやったのか。책은 어디다 치웠니?

④ 향하다.

目をやった。눈길을 보내다.

⑤ (기분 등을) 풀다.

えさをさけにやる。울적함을 술로 달래다.

⑥ 주다.

魚にえさをやる。물고기에게 먹이를 주다.

⑦ 하다.

勉强をやる。공부를 하다.

⑧ 먹다. 마시다.

いっぱいやる。한 잔 하다.

⑨ 살다.

給料が安くてやっていけない。급료가 싸서 살 수가 없다.

2) 「やる」+て

① (남을 위해서) -해 주다.

　　　教えてやる。 가르쳐주다.
　② (보란듯이) -해 보이겠다.
　　　きっと優勝してやる。 꼭 우승해 보이겠다.

제2절 「やる」와 기능 동사

　村木(1991)는 「기능 동사」를 「실질적 의미는 명사에 두고, 그 자체는 항상 문법적인 기능을 이루는 동사」라고 정의하고, 많은 기능 동사는 본래의 실질적 의미를 잃고, 명사에 맡겨진 행위, 과정, 상태, 현상 등의 어떠한 측면을 특징 짓고 있다고 하였다. 이러한 기능 동사는 넓은 의미에서의 동작성 명사와의 결합하고 이를 「기능 동사 결합」이라고 하였다. 그리고 村木는 기능 동사를 「실질적인 의미는 명사에 맡기고, 스스로는 단지 문법적인 기능만 완수하는 동사」라고 정의하였다.

　(1a) 太郎は 花子を さそった。
　　　 타로는 하나코를 유혹했다.
　(1b) 太郎は 花子を さそいを かけた。
　　　 타로는 하나코를 넌지시 떠보았다.

　(2a) 山田さんは 早速 課長に 速絡した。
　　　 야마다 씨는 바로 과장에게 연락했다.

(2b) 山田さんは 早速 課長に 連絡を とった。

야마다 씨는 바로 과장에게 연락을 취했다.

(3a) 日本の 住宅事情を 考慮して…

일본의 주택 사정을 고려해서…

(3b) 日本の 住宅事情を 考慮に いれて…

일본의 주택 사정을 염두에 두어…

(4a) なにか におう。

뭔가 냄새나.

(4b) なにか においが する。

뭔가 냄새가 나.

위의 (1)~(4)까지 a와 b의 문장은 형식은 다르지만 사용된 단어가 동의성을 가진다고 가정할 수 있다. 각각의 a문장 「さそう、連絡する、考慮する、におう」의 의미는 b문장에서 「さそい、連絡、考慮、におい」 등의 넓은 의미를 가지고, 동사적 성질에 따라 「행위・경과・상태・현상」으로 표현된다. 「かける、とる、いれる、する」는 「명사+동사」의 형태로 실질적인 의미가 희박하고, 술어 형식을 만들기 때문에 문법적인 기능은 완수했다고 할 수 있다.

村木는 기능 동사를 「실질적인 의미를 명사에 맡기고, 스스로 한결같이 문법적인 기능을 완성하는 동사이다. 실질적인 의미의 유무에 따라 실질동사와 대립한다.」라고 정의한 기능 동사의 전형적

인 예를 「する」 동사라고 한다. 「何かにおいがする」는 「何かにお
う」와 비교해서 「におい」의 명사에 실질적 의미가 포함되어 있어
서 「する」는 문법적인 효과를 제시하고, 실질적인 의미는 매우 희
박하다는 것이다. 이러한 점을 근거로 삼아 「する」와 「やる」의 차
이를 다음의 예를 통해 비교해 본다.

　① (의사가 간호사에게 환자를 가리키며)
　　包帯をして下さい。
　　붕대를 해주세요.

　여기에서 「包帯をする(붕대를 하다)」는 〈붕대를 감다(包帯を
卷く)〉 행위의 뜻으로 해석하는 것이 일반적이다.

　② (손발이 붕대로 감겨있는 환자에게 진찰을 위해 손의 붕대를
　　벗기기 시작한 의사가 옆에서 보고 있는 간호사에게)
　　君、足の包帯をやって。
　　자네가 발의 붕대 좀 벗겨 줘.

　즉, 위의 예문에서 보는 것과 같이 「する」가 기능 동사인 것에 비
해 「やる」는 구체적 의미를 가진 실질 동사로서 문맥에 영향을 끼
친다, 이것이 「する」와 「やる」의 차이점이라고 할 수 있다. 村木는
「명사+동사」라는 구조의 결합에서 나타난 명사는 「が격, ヲ격, ニ
격, ト격」 등의 문법적인 형식을 취하게 되고, 전형적인 기능 동사

인 「する」는 모든격과 연결이 가능하다고 하였다.

또한, 「기능 동사와 맺어지는 명사는 전형적인 행위를 나타내는 동작 명사이지만, 그 주변에 상태 명사와 현상 명사도 있다.」라고 하고 「동작 명사, 상태 명사, 현상 명사」의 예를 다음과 같이 제시하였다.

1) 동작 명사

(1) 동사의 연용형
　　① 「さそいをかける」の「さそい」
　　　　「넌지시 떠보다」의 「유혹」
　　② 「ぬすみをはたらく」の「ぬすみ」
　　　　「도둑질을 하다」의 「도둑질」

　　a. 동사의 연용형 「명사+をする」가 의미를 가진 것 (명사의 의미 희박)
　　　① 「歯磨き(をする)」
　　　　양치질(을 하다)
　　　② 「レースあみ(をする)」
　　　　뜨개질(을 하다)
　　　③ 「早起き(をする)」
　　　　일찍 일어(나다)

b. 동사의 연용형 「명사+をする」가 의미를 가진 것(をする
의 의미 희박)
① 「たき火(をする)」
모닥불(을 쬐다)
② 「かいもの(をする)」
쇼핑(을 하다)

c. 두 개의 동사의 성분으로부터 만들어진 합성어
① 「行き来をする)」
왕래(를 하다)
② 「立ち讀み(をする)」
서서 책(을 읽다)

(2) サ행 변격 동사 어간
① 「決定をくだす」の「決定」
「결정을 내리다」의 「결정」
② 「影響をあたえる」の「影響」
「영향을 끼치다」의 「영향」

2) 상태 명사

① 「平和をたもつ」=「平和でありつづける」
「평화를 유지하다」=「평화가 계속되다」

② 「不振におちいる」=「不振になる」

「부진에 빠지다」=「부진하게 되다」

제3절 「ヲ격」 명사와 실질 동사로서의 「やる」

「やる」가 실질 동사인 것에 대해서는 의문의 여지가 없지만 「やる」와 결합한 명사가 물질 명사의 성질을 가진다고 하는 것에 대해서는 수정이 필요하다고 생각한다. 「ヲ격 명사」가 사물 인지사항의 내용인지는 이것이 내포한 특성에 의존하는 것이 아니라, 「やる」와 결합한 전체의 문장의 의미로 결정되는 것이다. 한 예로 「トランプをする」와 「トランプをやる」라는 표현을 보면 「트럼프」가 단독으로 사물을 나타내는 기능을 하는 것은 당연하다. 그러나 「トランプをする/트럼프를 하다」에서 기능 동사 「する」와 연결되어 단순한 사물인 「트럼프」에서 「트럼프 게임이라는 행위」라는 성격을 가지게 되고, 「する」는 문법적인 기능만을 표현한다. 한편, 「トランプをやる/트럼프를 하다」는 「트럼프」라는 단어가 행위로서 기능하고 있다. 즉, 「やる」의 실질적인의미가 「진행」을 나타내기 때문에 그 대상이 물건의 의미와 역할의 양쪽을 표현하는 것이다. 그러나 여기서 「트럼프」를 게임에 이용한 카드라는 물건으로서만 보았다면 그것은 「やる」 속의 「진행」이 가지는 의미와 어울리지 않는다. 「기능 동사+ヲ격명사」가 동작의 성질을 가질 수 있듯이 「ヲ격명사+실질 동사やる」에서 「트럼프」는 「트럼프를 한다.」고 하는 행위를 내포하고 그것을「やる」의 진행 대상이 된다고 본다. 또「やる」는 기점과 도착점을 연결시키는 경로, 즉 계속성을 그 조건으로 하는 것이다.

「やる」가 문맥에 크게 의존하는 것을 관찰하기 위해 다음의 예를 보자.

① ネックレスをする。목걸이를 하다.
①'ネックレスをした女性。목걸이를 한 여성.

② ネックレスをやる。
②'ネックレスをやった女性。

앞의 문맥이 없는 장면에서 위의 예의 전체의 의미는「ネックレスを付ける」이다. ①, ②는「목걸이」만을 보면「사물명사 ヲ격+동사する/やる」의 연결이지만,「목걸이」를「걸다」의 대상으로 볼 경우에 ①의 결합은 적격이나 ②는 알맞지 않다. 따라서 ②'도 부적절한 문장이 된다. ②는 어떤 특정한 문맥이 없는 상황에서도「목걸이」를 물건이라고 해석하는 경우에는 맞는 표현이지만 문맥이 없는 ①의 의미와 같은 해석은 불가능하다.

여기서 특정한 문맥의 예를 보면 본인이 혼자서 착용하기 힘든 목걸이를 들고 등을 돌리면서 남편에게 부탁하는 장면에서라면,「あなた、ネックレスをやって」라고 할 수 있다. 이 경우「やる」의 동작의 주체는 남편이고, 움직이게 하는 객체는 부인이다. 그러나 같은 형식이라도 주어진 문맥에 따라서는 일을 지시하는 의미를 지닌 내용의 「ヲ격명사」가 「やる」와 함께 사용할 수 없다. 다음의 경우를 보자.

보석상에서 목걸이를 가리키는 부인이 위와 같이 말한다면 그 뜻은 「買って」라는 의미로 쓰였을 것이다. 그럴 때 남편에게 「ヲ격명사+やる」를 사용하여 「あのネックレスをやって」라고는 말하지 않는다. 이것도 「객체가 어떤 행위를 동작 주체에게 시킨다.」라는 것처럼 「やる」가 같이 발생하는 조건에 적합하지만, 그 대상이 되는 행위 자체에는 시간적 지속성·계속성이 없는 「買う」는 단시간에 일어나는 행위이기 때문에 「やる」가 적합하지 않은 것이다.

제4절 「ヲ+する·やる」형과 「을/를+하다」형의 대응 표현

지금까지 고찰한 여러 항목을 「やる」의 특질을 규명하고 종합적으로 대조 분석하기 위하여 질병에 관련된 요소가 선행하는 경우를 22세~34세의 서울, 경기, 충남 지역에 거주하는 25명의 대학생 남녀에게 설문조사하여 최종적으로는 본 연구자가 판단하였다.

위 결과를 바탕으로 針谷(2000)의 연구와 제4장 3절에서 고찰한 「ヲ격」의 선행하는 「하다/する」를 표로 정리하였다.

〈표 6〉 질병에 관련된 선행 요소가 「ヲ격」에 선행하는 동사 그룹

		A그룹										B그룹										
		상처	염좌	타박	골절	임신	유산	화상	병	설사	변비	콜레라	말라리아	이질	결핵	홍역	결막염	위염	맹장	폐렴	두드러기	풍진
현재형	する	+	+	+	+	+	+	+	+	+	+	-	-	-	-	-	-	-	-	-	-	-
	やる	-	-	-	-	-	-	-	-	-	-	+	+	+	+	+	+	+	+	+	+	+
	になる	-	-	-	-	-	-	+	+	+	+	+	+	+	+	+	+	-	+	+	+	+
	にかかる	-	-	-	-	-	-	+	-	+	-	+	+	+	+	+	+	-	-	+	+	+
	하다	-	-	-	+	+	-	-	-	+	-	-	-	-	-	-	-	-	-	-	-	-
	~가 되다	-	±	-	+	+	+	-	+	-	±	-	-	-	-	-	-	-	-	-	-	-
	~에 걸리다	-	-	-	-	-	-	+	+	+	+	+	+	+	+	+	+	+	-	+	-	+
과거형	した	+	+	+	+	+	+	+	+	+	±	-	-	-	-	-	-	-	-	-	-	-
	やった	-	-	-	-	-	-	-	-	-	-	+	+	+	+	+	+	+	+	+	+	+
	になった	-	-	-	-	-	-	+	+	+	+	+	+	+	+	+	+	-	+	+	+	+
	にかかった	-	-	-	-	-	-	+	-	+	-	+	+	+	+	+	+	-	-	+	+	+
	했다	-	-	-	+	+	-	-	-	+	-	-	-	-	-	-	-	-	-	-	-	-
	~가 되었다	-	±	-	+	+	+	-	+	-	±	-	-	-	-	-	-	-	-	-	-	-
	~에 걸렸다	-	-	-	-	-	-	+	+	+	+	+	+	+	+	+	+	+	-	+	±	+
경험을 묻는 경우	했던 경우... したことがある	+	+	+	+	+	+	+	+	+	±	-	-	-	-	-	-	-	-	-	-	-
	やったことがある	-	±	±	±	-	-	-	±	-	-	+	+	+	+	+	+	+	+	+	+	+
	にかかったことがある	-	-	-	-	-	-	+	-	+	-	-	-	-	-	-	-	-	-	+	+	+
	~한 적이 있다	-	-	-	+	+	-	-	-	+	-	-	-	-	-	-	-	-	-	-	-	-
	~된 적이 있다	±	±	±	+	+	+	-	+	-	+	-	-	-	-	-	-	-	-	-	-	-
	~에 걸린 적이 있다	-	-	-	-	-	-	+	+	+	+	+	+	+	+	+	+	+	+	+	±	+
		怪我	捻挫	打撲	骨折	妊娠	流産	火傷	病気	下痢	便秘	コレラ	マラリア	痢疾	結核	ハシカ	結膜炎	胃炎	盲腸	肺炎	蕁麻疹	風疹

A그룹은 일상적 병리 현상을 나타내는 말로 스스로 또는 타인의 행위가 원인인 예이다. 전체로써「する」는 적당하지만「ヤル・〜ニナル・〜ニカカル」는 부적절하다.「병(病気)/설사(下痢)/변비 (便秘)」의 3가지는 다른 질병과「する/하다」의 용법이 다르다.

특히 한국어에서는 설사하다는 가능하지만「*변비하다」는 비문 법적이다.

이는 설사는 동작성을 나타내는 선행 요소이지만 변비는 동작성 이 없는 명사이다. 이러한 용법을 보면「하다」는 동작성을 나타내 는 선행 요소와 호응관계를 갖고 있다고 결론지을 수 있다.

A그룹에 비해 B그룹은 바이러스성 또는 내과적인 질병이다. 즉, A그룹 보다 의지성이 약하다고 볼 수 있고「する」의 접속은 부적 절하고「ヤル・〜ニナル・〜ニカカル」는 접속할 수 있다.

이상, 개략적인 고찰을 통해「する」는 의지가 없는 일상적으로 반복되는 상처와 병 등에 접속하여 쓰이고「やる」는 콜레라나 말 라리아, 이질 등과 같이 전염성이나 유행성이 강한 병리 현상 즉, 비일상적인 중병에 접속하여 쓰이고 있다. B그룹의 경우는 회복할 때까지는 상당한 시간이 필요한 것은 당연하다. 동작·상태를 대 상으로 사용하는「やる」는 반드시 의지성을 가진다고는 할 수 없 지만, 동작주체가 의지의 범위를 벗어나서 병력으로 진행된다는 사실은 명확하다고 할 수 있다. 병력이 되는 것은 A그룹에 비해 B 그룹 어휘가 해당된다고 할 수있다. A그룹의「상처(怪我), 火傷, 便 秘」등이「やる」의「ヲ격」으로 올 수 없는 것은 선행 요소들이 매 우 일상적으로 빈번히 일어날 수 있는 일이고「やる」의 진행의 뜻

과 어울리지 않기 때문이라고 생각한다.

제5절 「やる」의 특징

　결론적으로 「やる」가 속어적이라는 지적은 「する」와 비교해 특히 회화에서 많이 사용되는 것에 기인한 것으로 볼 수 있다. 즉, 「する」에 없는 「やる」의 독자성이 있기 때문에 이것이 속어적이라는 뜻으로의 「やる」만이라기 보다도 실제로 「する」에 비해 많이 쓰이는 회화체라는 뜻으로 이해할 수 있다. 그러나 지금까지 고찰한 것 같이 「やる」와 「する」는 의미나 사용 용법에 있어서는 많은 차이를 보인다. 가장 뚜렷한 차이로는 진행하고 있을 때에는 「やる」의 용법은 적합하나 「する」는 부적합하다는 것은 「やる」는 과정의 의미를 가지고 있다고 볼 수 있다.

　이처럼 「やる」는 많은 뜻을 내포하고 있어 「やる」를 한마디로 규정할 수 없지만 실제 예문의 수집을 근거로 「やる」의 문맥상의 분석과 「やる」가 회화에 쉽게 사용되는지는 금후의 과제로 남기기로 한다.

제4장

결 론

    본 연구에서는 한국어와 일본어의 가장 기본적인 동사의 하나로서 서로 대응하는 「하다」와 「する」와의 대조를 통해서 문형상의 공통점과 상이점을 고찰하였다.

    통어적인 면에서 「하다」와 「する」와 결합하는 선행 요소가 각각 어떠한 대응을 하는가를 통해 우선, 「하다」와 「する」와의 차이점은 한국어의 「하다」가 타동사로서의 용법밖에 없지만, 일본어의 「する」에는 타동사로서의 용법 뿐만 아니라 자동사로서의 용법도 존재한다는 것을 확인할 수 있었다.

    「~がする」 표현의 「する」에 대한 한국어의 표현은 다양한 동사가 대응하고 있지만 이 동사들은 실질적 의미가 적어 기능 동사적이라고볼 수 있다. 이들의 동사는 실질적 의미가 희박하고, 기능 동사적이기 때문에 자연 현상을 나타내는 때에 양어가 같이 명사가 중심이 되는 명사적 표현형태를 취한다는 점은 공통하고 있다. 그러나 한국어의 경우 일본어의 「~がする」에 비교하면 「する」에 대응하는 동사가 각기 고유의 의미를 가지는 동사가 대응하기 때문에, 일본어의 「~がする」표현은 명사에 의미의 중점이 놓여진 명사적 표현의 형태를 취한다고할 수 있다. 이러한 「~がする」표현에 주목하면 한국어의 「하다」와는 다르게 일본어의 「する」는 자연현상문의 용법도 있어 명사에 중점이 놓여지는 표현을 하고 있다는 것을 알 수 있다. 즉, 일본어에서는 선행 요소인 명사에 중점을 두어 명사적 표현이 지향된다는 다른 점을 지적할 수 있다.

또한, 「하다/する」가 명사와 결합할 때에도 격조사의 개입이 가능하다. 이중 「~을/를 하다 · ~をする」의 대응은 대표적 대응 관계이다. 이는 한 · 일 양어의 「하다/する」가 기본적으로 동작이나 상태 등 동사성의 의미를 갖는 명사와 결합해 상호 대응하기 때문이라고 분석할 수 있다.

특히, 착용을 표현하는 경우나, 직업이나 지위, 업종 등을 표현하는 명사와 결합하는 경우에도 양어의 「하다」와 「する」와에 공통된 용법이 보였다.

「する동사」와 「하다 동사」의 결합도를 「을/를」과 「を」에 의해 분리 가능성을 검증해 보며 한국어에서는 「을/를」에 의한 분리 가능성이 높은 것에 비해 일본어에서는 「を」격의 개입을 허락하지 않는 제약이 한국어 보다 강한 경향이 있다. 이것은 한국어의 「하다」가 타동사의 성격이 강한 결과라고도 해석할 수 있다.

「~을/를 하다」와 「~をする」의 문형은 「하다」와 「する」의 대표

적 용법으로 기본적 의미로 동작과 상태 등을 나타내는 동사성의
의미를 가진 명사와 결합하여 서로 대응하고 있다. 그러나 같은 의
미를 가진 명사라고 해도 각각의 언어가 동사성 명사인지 아닌지
에 대해서는 반드시 일치하지 않기 때문에 당연히 대응에 어긋나
는 경우도 있고 또, 같은 동사성 명사이다 하더라도 반드시 대응이
일치하지는 않는다.

한편, 「~をする」와 「~(ㄹ)을 하다」가 서로 대응하지 않는 경우
는 생리적 현상을 나타내는 표현을 들 수 있다. 선행 요소에 수량명
사가 오는 것도 공통이지만 한국어에서는 「~을/를」의 삽입도 가
능하다는 점이 특이하다.

선행 요소가 수량명사인 용법은 「하다」가 타동사로서만 분류된
것과 무관하지 않고 한국에서는 목적격조사 「을/를」을 넣어 사용
할 수 있는데 이것은 「을/를」의 기능이 타동사로서의 「하다」의 성
질의 반영에 의한 것이라 볼 수 있다.

「する동사」가 많은 용법을 보이는 배경에는 일본어의 동사가 생
산적으로 명사화하는 현상과 「する」의 조어력에도 있다고 생각할
수 있다. 이 점이 일본어의 「する」의 특정으로서 볼 수 있다.

본 연구에서 괄목할 만한 연구결과로는 「迷惑する」의 용법이다.
「迷惑·影響」는 「する, 受ける, 与える」 등이 접속할 수 있는 한자
어이다.

그러나 「影響する」에서 「する」가 「与える」라는 동사로 바꿀 수
있는 것에 비해서 「迷惑する」에서는 「被った(受けた)」를 대신하
고 있다. 다른 한자어에는 「迷惑する」와 같이 동작이 일어나는 방

향이 반대인 즉, 「漢字語+する」에서 「する」가 「동작을 받는다.」라
는 용법은 찾을 수 없었다.

또, 이것들은 受動文으로 하면 「影響された」은 가능하지만, 「迷
惑された」의 경우는 부자연스러운 느낌을 받는다.

이와 같이 「~が~に迷惑する」는 다른 사람에게 무언가 영향을
끼친다는 의미이면서 직접수동, 간접수동을 붙이기 어려운 성질이
있는 것은 「迷惑」가 수동의 성질을 가지고 있기 때문이다.

지금까지 고찰한 바와 같이 한자어에 「하다」와 「する」가 접속하
여 단순히 동사를 만든다고 하지만 이와 같은 동작이 행해지는 방
향의 반대 용법은 일본어가 능숙한 일본어 학습자도 바른 용법을
사용하기 어렵다. 다른 한자어의 용법을 그대로 응용하여 「AがBに
迷惑した」를 「AがBに迷惑をかけた」라는 용법으로 사용하여 오용
을 일으키게 되는 원인이 된다.

이와 같이 「する」는 단지, 명사 등에 접속해서 동사화하는 것 뿐
이 아니고, 그 문장의 구성 요소인 보어와의 관계를 나타내는 역할
을 담당하고 있음을 알 수 있다.

(3) 「やる」가 속어적이라는 지적은 「する」와 비교해 회화에서
많이 사용되는 것에 기인한 것으로 볼 수 있다. 그러나 「やる」는
「する」의 의미 · 용법과 많은 차이를 보인다. 가장 뚜렷한 차이로
는 과정의 의미를 가지고 있는 진행을 나타낼 때에는 「やる」의 용
법만이 적합한 것이라고 결론지을 수 있다. 즉 , 「する」에 없는 「や
る」의 독자성이 있기 때문에 「やる」가 속어적이라기 보다도 「す
る」에 비해 회화체로 많이 쓰이는 뜻으로 이해할 수 있다. 「やる」

는 많은 뜻을 내포하고 있어 「やる」를 한마디로 설명하기는 힘들
지만 실제 예문의 수집을 근거로 「やる」를 사용하는 문맥의 분석
과 함께 「やる」가 회화에 쉽게 사용되는지는 금후의 과제로 한다.

결론적으로 「する」가 「하다」 보다 폭넓은 의미와 다양한 기능면
이 있고 포괄적인 의미를 갖고 있어 특정한 의미를 부여할 수는 없
는 동사 이지만 일본어의 「する」는 타동사 용법과 자동사 용법이
공존하는 데 비해 한국어의 「하다」는 자동사 용법이 없고 타동사
용법밖에 없다는 차이를 보였다.

한 · 일 양어는 같은 의미의 명사라 하더라도 각각의 언어가 동
사성 여부의 판단의 기준은 반드시 일치하지 않으며 또 같은 동사
성 명사를 선행 요소로 하더라도 「하다」와 「する」가 반드시 서로
대응하지 않는다. 이는 양어의 「하다」와 「する」가 선행 요소의 가
능 여부의 판단은 각각 양어의 관용에 의하기 때문에 문법적인 기
능만으로는 판단할 수 없는 경우가 있다.

한편, 「하다」와 「する」와의 상이점에 있어서 한국어에는 존재하
지 않는 「~がする」 표현은 한국인 학습자에 있어서는 「する」를
「하다」와 같은 것이라고 파악하고 있는 점이 많기 때문에 「~がす
る」 구문의 명사를 단순히 이해하는 것이 아니고 이러한 표현 문형
을 하나의 단위로 하여 이해하려고 하는 것이 일본어 습득에 효과
가 있을 것이다.

일본어의 하나의 표현 형식에 한국어가 다양한 형식으로 대응하
고 있는 경우도 있다. 한편 「한자어+하다/する」의 표현에 있어서
는 양어가 각각 명사적 표현과 동사적 표현이라는 서로 다른 표현

수단을 한다는 표현법 및 발상의 문제가 관계되어 있다. 이러한 표현법은 외국인 학습자에 있어서는 무척이나 곤란한 점이다.

　이상과 같이 어형성의 면에서부터 보면「하다 · する」가 동사화하는 기능을 공통으로 가지고 있다. 특히 양어 모두 한자어 명사가 선행 요소인 경우는 생산적인 것을 지적할 수 있다. 일본어 교육의 관점에서 보면, 한국인 학습자에 있어서는「한자어+する」표현의 경우는 한국어에도「한자어+하다」의 표현이 존재하기 때문에 습득하기 쉽다고 생각된다. 단, 대응 관계의 차이로부터 오는 오용도 생기기 쉽다. 그러나 개별적인 어휘로 습득하지 않으면 모어와는 다른 표현 형식이기 때문에 특별히 의식하지 않는 한 오용을 피할 수 없을 것이다.

　이상, 본 연구는 어형성의 면과 표현의 면에서「する」,「하다」를 고찰했다. 본 연구를 통해서 각각의 언어의 배경에 있는 표현 발상의 차이 및 표현법 특징의 한 측면을 볼 수 있었다.

参/考/文/献

- 浅川照夫(1984)、「名詞表現の派生的性質について」『言語』3月号大修館書店
- 浅野鶴子(1981)、「擬音語・擬態語辞典」角川書店
- 浅野鶴子(1975)、「外国人のための基本語用例辞典』分化庁 阿刀田穏子
- 星野和子(1995)、「擬音語・擬態語使い方辞典」創托社
- 天沼寧(1996)、『音語・擬態語辞典』東京党出版
- 荒川清秀(1988)、「複合漢字語の日中比較』『日本語学』
- 飯豊毅一(1964)、「サ変・カ変の問題」「口語文法講座3ゆれている文法』明治書院
- 池上嘉彦(1976)、『意味論』大修館書店 (1981)
  ＿＿＿＿(1981)、『「する」と「なる」の言語学-言語と文化のタイポロジーへの試論』大修館書店
- 石井正彦(1987)、「漢語サ変動詞と複合動詞』『日本語学』2月号 明治書院
  ＿＿＿＿(1989)、「語構成』『講座日本語 日本語教育6』明治書院
- 石野牧(1997)、「名詞化表現に闘する一考察-英語と日本語の比較一』『待乗山論義』第31号 大阪大学文学部
- 石綿敏雄・高田誠(1992),「對照言語学」櫻楓社

- 伊与部みち子(1997)、「現代語における形式動詞「する」の研究』横浜国立大学 大学院教育学研究科修士学位論文
- 井上優(1990)、「接尾辞「～方」について」「日本語学』9月号明治書院
- 今井忍(1998)、「句の包癖」に闘する意味論的考察」「日本語・日本文化』第24号
- 大阪外国語大学日本語教育センター
- 今井喜昭(1991)、「"名詞に韓成する動詞"および"サ変動詞を形成する名詞"をめぐる各問題について-日本語教育の硬座から-」「日語学習与研究、4月号中国北京
- 岩波書店辞典編集部編(1992)、『逆引き広辞苑』岩波書店
- 梅田博之(1982)、「韓国語と日本語-對照研究の問題点-」「日本語教育』第48号日本語教育学会
- 浦谷宏(1992)、「「お・ご～する」に関する一考察』『辻村敏樹教授古稀記念 日本語史の諸問題』明治書院
- 大石享・松本裕治(1995)、「格パターン分析に基づく動詞の語彙知識獲得」「情報處理学会論文誌」36-11 情報處理学会
- 大阪外国語大学朝鮮語研究室編(1986)、『朝鮮語大辞典』角川書店
- 大村益夫(1979)、「日本語・朝鮮語の表現についそ』『講座日本語教育』第15分冊 早稲田大学語学教育研究所
- 岡村久子、杉浦茂男(1975)、『現代英語の単語形成論」こびあん書房

• 小川芳男他編(1982)、「日本語教育辞典」大修館書店

• 王鐵橋 (1998)、「「する・やる・行う」についての構文的分析」『言語と文化』

• 奥田一廣(1976)、「朝鮮語の対格助詞「을(를)」についてーとくにその文法機能及び意義素を中心にー」『朝鮮学報』第78号朝鮮学會

• 奥田邦男(1986)、「日本語の動詞の分類に闘する一考察ー漢語動詞を中心にー」『広島大学教育学部紀要第二部』第34号広島大学教育学部

• 奥津敬一郎(1975)、「複合名詞の生成文法」『国語学』第101集国語学会

＿＿＿＿＿＿(1992),「存在文の対照研究(3)」『日本女子大学紀要　文学部』41

＿＿＿＿＿＿(1992),「日本語の受身文と視点」『日本語学』11-9

＿＿＿＿＿＿(1996),「連体即連用・第5・6・7・8回 機能動詞文その1・2・3・4』『日本語学』15-3・4・5・6

＿＿＿＿＿＿(1996),「連体即連用・第9・10・11回 自然現象文その1・2・3』『日本語学』15-7・8・9

＿＿＿＿＿＿(1996),「連体即連用・第12・13・14回 変化動詞文その1・2・3」『日本語学』15-10・11・12

＿＿＿＿＿＿(1997),「連体即連用・第15・16回 変化動詞文その4・5」『日本語学』16-1・2

＿＿＿＿＿＿(1997),「連体即連用・第17・18・19・20・21・

22回 変化動詞文その1・2・3・4・5・6』『日本語学』16-3・4・5・6・7・8・9

• 生越直樹(1982)、「日本語漢語動詞における能動と受動−朝鮮語hata動詞との封照−」『日本語教育』第48号日本語教育学舎

_____(1989)´「文法の封照的研究−朝鮮語と日本語」『講座日本語と日本語教育』:第5巻明治害院

_____(1992)´「韓国人日本語学習者のボイスに闘する誤用−漢語動詞の誤用を中心に−」『教育賞践研究指導センター紀要』横浜国立大学教育学部

• 尾竹伸子(1984)、「大学生の敬語意識と敬語生活−「御」の付くことば−」『立教大学日本文学』第52另立教大学

• 算毒雄・田守育啓(1993)、『オノマトピア』勤草書房

• 景山太郎(1979)、「漢字語動詞と変形の必要性」『言語』7-6

_____(1993)、『文法と語形成』ひつじ書房

_____(1995)、「文と單語』『日本語学』5月号 明治書院

_____(1996)、『動詞意味論−言語と認知の接点−』くろしお出版

_____(1998)、「日本語と外国語との封照第1章日本語と英語』『新しい日本語研究を学ぶ人のために』世界思想社

• 影山太郎・柴谷方良(1989)、「モジュール文法の語形成論−「の」名詞句からの複合語形成−」『日本語学の新展開』研究者出版

- 影山太郎・由本陽子(1997)、『語形成之概念構造』研究社出版語学の新展開」くろしお出版
- 加藤秦彦・福地務(1989)、『外国人のための日本語例文問題シリーズ14擬音語・擬態語』荒竹出版
- 耐田靖子(1982)、「「する」と「やる」」『日本語教育事典』大修館書店
- 門脇誠一(1982)、「日本語と朝鮮語の語彙」『日本語教育』第48号 日本語教育学会
- 金子比呂子(1990)、「「して」からみた「N1」をN2 にして」」の位置付け方 東京外国語大学外国語学附屬日本語学校
- 北原保雄(1984)、『文法的に考える』大修館書店
- 木村陸子(1996)、「自他兩用動詞の實態」「山口明穂教授還暦記念国語学論集」 明治書院
- 金田一京助(1998)、『新明解国語辭典』三省堂
- 金田一春彦編(1976)、『日本語動詞のアスペクト』むぎ書房
- 金田一春彦・池田弦三郎編(1981)、『学研国語大辭典』学習研究社
- 金田一春彦外1(1995)、『日本語百科大事典』大修館書店
- 言語学研究会(1983)、『日本語文法・連語論(資料編)』むぎ書房
- 久野章(1973)、『日本文法研究』大修館書店
- 小泉保(1989)、『日本語基本動詞用法辞典』大修笛害店
- 国語学会編(1980)、『国語学大辭典』東京堂出版

- 国立国語研究所(1951)、『現代語の助詞』秀英出版

　＿＿＿＿＿＿＿＿(1972)、『動詞の意味・用法の記述的研究』秀英出版

　＿＿＿＿＿＿＿＿(1984)、『日本語教育のための基本語彙調査』秀英出版

　＿＿＿＿＿＿＿＿(1990)、『語彙の研究と教育(下)』

　＿＿＿＿＿＿＿＿(2004.1)『分類語彙表』増補改訂版 国立国語研究所 大日本図書

　＿＿＿＿＿＿＿＿(1964)現代雑誌九十種の用語用字第三分冊分析 秀英出版.

　＿＿＿＿＿＿＿＿(2013)現代日本語書き言葉均衡コーパス語彙表ver.1.0国立国語研究所

- 三枝毒勝(1999)、「韓国からの翻訳」『日本語学』3月号明治書院

- 阪田雪子(1990)、「連語・慣用句」『講座日本語と日本語教育』第7巻 明治書院

- 坂詰力治(1981)、「和漢混清文におけるサ変動詞についての一考察」『文学論藻』

- 佐久間開(1983)、『現代日本語の研究』くろしお出版

- 柴公也 (1986)、「漢語動詞の態をいかに教えるか-韓国人学生に封して-」『日本語教育』第59考 日本語教育学会

　＿＿＿＿＿(1992)、「漢語語+시키다」について-再踊性・他動性・使役性・受動 性との関わりをめぐって-」『朝鮮学報』第

144輔 朝鮮学曾
- 柴谷方良(1978)、『日本語の分析』大修館書店
- 城田岐 (1998)、『日本語形態論』ひつじ書房
- 陳満里子(1996)、「現代朝鮮語の-로格について-単語結合論の観点から-」『朝鮮学報』第160輯
- 時枝誠記(1950)、『日本文法口語篇』岩波書店
- 鈴木重幸(1972)、『日本語文法・形態論』むぎ書房
- 鈴木泰 (1980)、「情態副詞の性質についての小見」『山形大学紀要』(人文科学)第9巻 第3号 山形大学
- 高橋太郎(1981)、『動詞の研究』むぎ書房
- 田島堂(1970)、「サ変動詞について」『国語学論説資料』7
- 塚元勲(1979)、「日本語比較表現論」『日本語と日本語教育-文学・表現論-』国立国語研究所
- 塚元勲(1998-1999)、「日本語と朝鮮語の系統」『日本語学』1998年7月号～1999年4月号 明治害院
- 塚本秀樹・寛相哲(1994)、「韓国語における漢語動詞の受身文について」『朝鮮学報』第153輯 朝鮮学会
- 塚元秀樹(1997)、「語彙的語形成と統語的語形成—日本語と朝鮮語の封照研究」『日本語と外国語をの封照研究Ⅳ日本語と朝鮮語』国立国語研究所
　　　　(2011)「韓国語との対照」益岡隆志(編)『はじめて学ぶ日本語学-ことばの奥深さを知る15章-』ミネルヴァ書房
　　　　(2012)『形態論と統語論の相互作用-日本語と朝鮮

語の対照言語学的研究』ひつじ書房.

＿＿＿＿(2013)「日本語と朝鮮語における複合動詞としての成立・不成立とその様相-新影山節に基づく考察-」、影山太郎(編)『複合動詞研究の最先端』ひつじ書房.

＿＿＿＿(2013)「統語的複合動詞の格と統語特性」、影山太郎(編)『複合動詞研究の最先端』ひつじ書房.

・土屋俊 (1989)、「動詞は名詞とどこが違うのか」『言語』9月号 大修館書店

・角田太作(1991)、『世界の言語と日本語』くろしお出版

・鶴田庸子(1986)、「謙譲表現「お〜する」の使用條件」『アメリカカナダ十一連 合日本センター紀要』第9号 アメリカカナダ十一連合日本センター

・寺村秀夫(1968)、「日本語名詞の下位分類」『日本語教育』第12号 日本語教育学会

＿＿＿＿(1982)、『日本語のシンタクスと意味I』くろしお出版

＿＿＿＿(1984)、『日本語のシンタクスと意味I』くろしお出版

＿＿＿＿(1992)、「日本語名詞の下位分類」「寺村秀夫論文集I』くろしお出版

＿＿＿＿(1993)、「ナル」表現と「スル」表現-日英態表現の比較-『寺村秀夫論文集Ⅱ言語学・日本語教育編」くろしお出版

・時該誠記(1950)、『日本文法口語編』岩波書店

- 中村通夫(1957)、「講座現代の用字・用語教育2 單語教育」 春秋社
- 中村幸弘(1974)、「補助動詞「す」の論」『国学院雑誌』7月号国 学院大学
- 並川千恵(1992)、「一般化と特徴化-名詞、動詞と名詞轄換 動詞の意味 -」『芸文研究』第61号 慶忘義塾大学学会
- 中山英治(1999)、「仮定的な事態を差し出す「～とする」とそ の周辺『平成11年度 国語学会秋期大会要旨集』
- 西尾寅弥(1988)、「動詞の運用形の名詞化の関する一考察」 『現代語彙の研究』明治書院

　　　　　(1988)、「擬音語・擬態語+する」の形式について『現 代語彙の研究』明治書院
- 西尾實(1995)、『岩波国語辭典』岩波書店
- 仁田義雄(1991)、『語彙論的統語論』
- 明治書院(1997)、『日本語文法研序究設日本語の記述文法を 目指して』くろしお 出版 日本語教育学会編(1982)、『日本語 教育事典』大修館書店
- 沼本克明(1986)、『日本漢字音の歴史』
- 沼本克明(1988)、『日本語のモーラ音素「ン」の通時的背景寸 考』
- 野口清(1997)、「「名詞+(を) +する」の文構造に闘する一考 察」『朝鮮学会第114回 大会予稿集』言語学会
- 野間秀樹(1990)、「朝鮮語の名詞分類-語彙論・文法論のた

め-」『朝鮮学報』第135輯 朝鮮学会

- 野村雅昭(1987)、「二字漢字語の構造」「複合漢字語D構造」『朝倉新日本語講 座1.文学・表記と語構成』
- 野村雅昭(1988)、「二字漢語分構造」『日本語学』明治書店
- 野村雅昭(1992)、「造語法毫造語力」『日本語学』明治書店
- 橋本進吉(1934)、「新文典別記上級用」富士山房
- 長谷川信子(1997)、「「VN＋する」構文『言語』11月号 大修館書店
- 林史典他3人編(1988)、『国語基本用例辞典』教育社
- 針谷明子(2000)「動詞「やる」の意義特徴」学習院大学大学院人文科学研究科修士論文
- 針谷明子(2000)「動詞やるについて一動詞するとの相違」創価大学日本語日本文学科卒業論文
- 日向敏彦(1984)、「漢語サ変動詞の構造」『上智大学国文学論集』第18号上知大学国文学
- 廣浜文雄(1965)、「複合してサ変動詞を作る漢字語の意味分類(2)」『山辺道』第12号 天理大学国文研究室
- 文化庁(1972)、『日本語之日本教育語彙篇』
  ＿＿＿(1973)、『日本語之日本語教育文法篇』
  ＿＿＿(1978)、『基本語用例辞典』
  ＿＿＿(1983)、『外国人のための基本語用例際典第1』大蔵省印刷局
- 北條正子(1973)、「サ変になり得る名詞(英語)」『品詞別日本

文法講座10品詞論の周辺』明治書院

- 堀江薫 (1998)、「コミュニケーションにおける言語的文化的要因−日韓繋照言語学の観点 から−」『日本語学─複雑化祀曾のコミュニケーション─』9月臨時増刊号明治書院

- 丸田孝志・林憲爆(1997)、「「漢語+になる」の用法と特徴」『朝鮮学報』第163 輯

- 朝鮮学会

- 宮島達夫(1956)、「動詞から名詞をつくること」「ローマ字世界」1月号

- 三上章(1972)、『現代語法序説』くろしお出版

- 三上章(1972)、『現代語法新説』くろしお出版

- 水野義道(1988)、「漢字語系接瞬の機能」『日本語学』

- 村木新次郎(1980)、「日本語の機能動詞表現をめぐって」『国立国語研究報告65研究報告集2』秀英出版

　　　　　　(1984)、「機能動詞の記述」「国文学解穏と鑑賞』第48巻6号至文堂

- 森岡健二(1965)、「口語文法講座6 用語解説編」明治書院

- 森田芳夫(1983)、「韓国学生의日本語学習에있어서의 誤用例」誠信女子大学校

- 森田良行(1977)、「基礎日本語」角川書店

　　　　　(1982)、「日本語の動詞の意味について」『日本語教育』第47号日本語教育学曾

　　　　　(1984)、「文法学習に役立つ語彙教育−意味論的表

現文法の出獲点-』『講座日本語教育』第20分冊早稲田大学語学教育研究所

_____(1987)、「基礎日本語1」角川書店 (1988)、『日本語の類意表現』創拓社

_____(1989)、「動作・状態を表す言い方」「講座日本語教育』第4分冊 早稲田大学語学教育研究所

_____(1989)、「基礎日本語辭典」角川書店

_____(1994)、『動詞の意味論的文法研究』明治書院

• 森山卓良(1986)、「接露祥と構文」「日本語学』3月号 明治書院

_____(1988)、『日本語動詞述語文の研究』明治書院一

• 山口佳紀(1976)、「休言」「岩波講座日本語」6文法I,岩波書店

• 安田滋 (1975)、「日本語の比較:「する」と「行う」について」「日本語学校論集』

• 矢野謙一・稲葉継雄(1986)、「韓国語の表現」『応用言語学講座2 外国語を日本語』明治書院

• 山下善代(1995),「形態素左造語成分」「日本語学」5月号 明治書院

• 山田孝雄(1936),「日本文法学概論」室文館出版

_____(1940)、「国語の中に於ける漢字語の研究』宝文館

• 山中桂一 (1998)、「日本語のかたち封照言語学からのアプローチ」東京大学出版社

• 山梨正明 (1995)、「認知文法論』ひつじ書房

• 横澤和子 (1997)、「日本語の複合動詞一逆形成を中心に一」

「東大女子大学日本語文化研究」第6考 東京女子大学

・米川明彦(1992)、「新語と造語力」『日本語学』5月号 明治書院

・井島正博(1997)「授受動詞文の多層的分析」『成蹊大学文学部紀要』

・伊藤健人(2008)『イメージ・スキーマに基づく格パターン構文-日本語の構文モデルとして-』ひつじ書房.

・奥津敬一郎(1984)「授受動詞文の構造-日本語・中国語対照研究の試み-」『金田一春彦博士古希記念論文集』第二巻

・金珉秀(2003)「現代日本語における授受動詞の意味論的研究」筑波大学博士学位論文.

・柴谷方良(1978)『日本語の分析』大修館書店

・竹沢幸一(2000)「アルの統語的二面性-be/haveとの比較に基づく日本語のいくつかの統語的解体の試み」『東アジア言語文化の統合的研究』筑波大学学内プロジェクト研究報告書
　　　　　(2003)「「ある」とhave/beの統語論」『月刊言語』

・松本曜(2000)「教える／教わる」などの他動詞／二重他動詞ペアの意味的性質」『日本語意味と文法の風景-国広哲弥教授古希記念論文集-』

・益岡隆志(2001)「日本語における授受動詞と恩恵性」『日本語学』明治書院.

・宮地裕(1965)「「やる・くれる・もらう」を述語とする文の構造について」『国語学』

・山岡政紀(2008)「第6章授受構文の構造」『発話機能論』くろし

お出版.

＿＿＿＿＿(2004)『日本語のベネファクティブ-「てやる」「てくれる」「てもらう」の文法-』明治書院.言語学論叢 オンライン版第 2 号(通巻28 号2009)

• 渡辺裕司(1991)「授受表現における授受の方向性」『日本語学校論集』東京外国語学

• 金若静(1987.2)『同じ漢字でも』学生社

＿＿＿＿(1990.12)『続・同じ漢字でも』学生社

• 香坂順一(1998)『現代中国語辞典』光生館

• 中村明(2010)日本語語感の辞典 岩波書店

• 宮島達夫(1967) 現代語いの形成 国立国語研究所論集3 言葉の研究3 国立国語研究

• 張元哉(2003a) 現代日韓両国語における漢語の形成と語彙交流 国語学 国語学会

• 北原保雄編(2010)『明鏡国語辞典第二版』大修館書店

• 小林英樹(2001)「動詞的要素と名詞的要素で構成される二字漢語動名詞に関する再考」『現代日本語研究』

＿＿＿＿＿(2004)『現代日本語の漢語動名詞の研究』ひつじ書房

• 張善実(2013a)「漢語サ変動詞「除N する」の意味と構文」『言葉と文化』

＿＿＿＿(2013b)『日本語の V-N 型漢語動詞の語構成論的研究-離脱・帰着を表す動詞を中心に-』博士学位論文、名古屋大学

_____(2013c)「漢語サ変動詞「離N する」の意味と構文」『ことばの科学』

• 中川秀太(2005)「推論による VN の外部表示の特殊化」『日本語文法』

• 松村明監修(2006)『大辞泉増補・新装版(デジタル版)』SHOGAKUKAN

• 山田忠雄、柴田武ほか編(2011)『新明解国語辞典第七版』三省堂

• 山梨正明(1993)「格の複合スキーマモデル-格解釈のゆらぎと認知メカニズム」仁田義雄編『日本語の格をめぐって』くろしお出版

• 阿部裕(2011)「上代日本語の動詞連接「トリ-」について-複合動詞の存否を中心に」『名古屋言語研究』

• 杉村泰(2011)「コーパスを利用した複合動詞「-回る」の意味分析」『言語文化論集』

• 陳曦(2011)「日本語教科書における複合動詞の扱われ方に関する一考察-コーパスによる使用実態調査との比較を通して-」、『ことばの科学』名古屋大学言語文化研究会

_____(2012)「日本語学習者における複合動詞の誤用分析-作文データベースを用いて-」、『ことばの科学』名古屋大学言語文化研究会

• 松田文子、白石知代(2011)「複合動詞「V-かける」の意味記述-L2学習者の「V1 + V2ストラテジー」を活かすための試み

-」、『日本語教育』日本語教育学会

- 杉村泰(2011)「コーパスを利用した複合動詞「V1-果たす」の意味分析」、『言語文化論集』名古屋大学大学院国際言語文化研究科

- 菊田千春(2011)「複合動詞テミルの非意志的用法の成立-語用論的強化の観点から-」、『日本語文法』日本語文法学会(くろしお出版)

- 和田学(2011)「二つの語彙的緊密性-韓国語(と日本語)の複合動詞」、『山口大学文学会誌』

- 陳劼懌(2011)「語彙的複合動詞における語形成の連続性」、『国語学研究』東北大学大学院文学研究科国語学研究室

- 青木博史(2012)「クル型複合動詞の史的展開-歴史的観点から見た統語的複合動詞-」、『日本語文法史研究』ひつじ書房

- 陳劼懌(2012)「「流れ出る」と「流れ出す」の意味と統語」、『言語科学論集』東北大学大学院文学研究科言語科学専攻

- 谷内美智子(2012)「後項動詞の種類からみた日本語学習者の統語的複合動詞の意味推測の特徴-文脈量と日本語習熟度の影響を中心に-」、『言語文化と日本語教育』お茶の水女子大学日本言語文化学研究会

- 坂原茂(2012)「アスペクト表示の複合動詞「Vて来る」と空間時間メタファ」、『国語と国文学』東京大学国語国文学会(明治書院)

- 杉村泰(2012)「コーパスを利用した複合動詞「V1-通す」の意

味分析」、『言語文化論集』名古屋大学大学院国際言語文化研究科

- 工藤力男(2012)「動詞句から複合動詞へ-かざまじりあめふるよの-」、『万葉語文研究』和泉書院
- 李静玟(2012)「複合動詞の意味・用法-後項動詞「～だす」と「～でる」を中心に-」、『立教大学大学院日本文学論叢』立教大学大学院文学研究科日本文学専攻
- 白鐘讚(2012)「複合動詞「-切る」についての考察」、『日語日文學研究』韓國日語日文學會
- 由本陽子(2012)「「動詞＋過ぎる」と述語名詞としての「動詞＋すぎ」」、影山太郎・沈力(編)『日中理論言語学の新展望3：語彙と品詞』くろしお出版
- 何志明(2012)「『現代日本語書き言葉均衡コーパス』及び中上級日本語教科書における複合動詞の出現頻度」、『日本語／日本語教育研究』日本語／日本語教育研究会(ココ出版)
- 神崎享子(2012)「複合動詞データベース構築のための付与情報」、『国立国語研究所論集』国立国語研究所
- 陳劼懌(2012)「語彙的複合動詞と統語的複合動詞の連続性について-再試行を表す「～直す」を対象として-」、『国語学研究』東北大学大学院文学研究科国語学研究室
- 影山太郎(2012)「語彙的な複合動詞と補助動詞」『レキシコンフォーラム』6. ひつじ書房
  _____(編)(2013)『複合動詞研究の最先端-謎の解明に向け

て-』ひつじ書房.

_____(2013)「語彙的複合動詞の新体系-その理論的・応用的意味合い-」、影山太郎(編)『複合動詞研究の最先端』ひつじ書房.

• 陳劫懌(2013)「語彙的複合動詞と統語的複合動詞の連続性について-「～出す」を対象として-」、上記『複合動詞研究の最先端』ひつじ書房.

• 長谷部郁子(2013)「複合動詞と2種類のアスペクト」、影山太郎(編)『複合動詞研究の最先端』ひつじ書房.

• 由本陽子(2013)「語彙的複合動詞の生産性と2つの動詞の意味関係」、影山太郎(編)『複合動詞研究の最先端』ひつじ書房.

• 栗林裕(2013)「V+V型複合動詞と語形成-トルコ語から見た日本語-」、影山太郎(編)『複合動詞研究の最先端』ひつじ書房.

• 全敏杞(2013)「韓国語の語彙的複合動詞におけるアスペクト複合動詞について-「V-nata」「V-nayta」「V-tulta」の再考と意味解釈を中心に-」、影山太郎(編)『複合動詞研究の最先端』331-373. ひつじ書房.

• 神崎享子(2013)「国立国語研究所オンラインデータベース『複合動詞レキシコン』」、影山太郎(編)『複合動詞研究の最先端』ひつじ書房.

• 杉村泰(2013)「コーパスを利用した複合動詞「V1-抜く」の意味分析」、『言語文化論集』名古屋大学大学院国際言語文化研

究科

- 金光成(2013)「語形成への認知言語学的アプローチ-日本語複合動詞を事例に-」、『認知言語学論考』ひつじ書房

- 德本文(2013)「古典語複合動詞の後項「あふ」について」、『立教大学日本文学』立教大学日本文学会

- 安河内明子(2013)「「他動詞＋他動詞」型複合動詞からの「他動詞＋非対格自動詞」型複合動詞派生要因一考-再帰性の観点から-」,『日本語文學』日本語文學會

- 朴墉一(2013)「イ形補助動詞「-おえる／-おろす／-くだす／-さげる」文の統語構造」、『日本研究』韓國外國語大學校日本研究所

- 王冲、鄭佩琪(2013)「「終了・完了」の意味をもつ日本語類義複合動詞の習得」、『東アジア日本語教育・日本文化研究』東アジア日本語教育・日本文化研究学会

- 張楠(2013)「日本語の結果複合動詞における脱使役化」、『南山言語科学』南山大学大学院人間文化研究科

- 陳劼懌(2013)「語彙的複合動詞における「他動性調和」の再考」、『国語学研究』東北大学大学院文学研究科

- 村田年(2013)「社会科学系書籍における複合動詞の使用傾向-後項動詞を指標として-」、『日本語と日本語教育』慶応義塾大学日本語・日本文化教育センター

- 山部順治(2013)「形態素順序に関する、現在進行中の変化-複合動詞の使役形・受身形-」、『ノートルダム清心女子大学

紀要日本語・日本文学編』ノートルダム清心女子大学

- 杉村泰(2013)「コーパスを利用した複合動詞「V1-通る」の意味分析」、『言語文化論集』名古屋大学大学院国際言語文化研究科

- 西山國雄・小川芳樹(2013)「複合動詞における助動詞化と無他動性」遠藤喜雄(編)『世界に向けた日本語研究』開拓社.

- 中谷健太郎(2014)「使役連鎖の原則とテ形複雑述語におけるニ格の容認性」岸本秀樹・由本陽子(編)『複雑述語研究の現在』ひつじ研究叢書第109 巻ひつじ書房.

- 斎藤衛(2014)「複合動詞の形成と選択制限：他動性調和の原則を手掛かりとして」岸本秀樹・由本陽子(編)『複雑述語研究の現在』ひつじ研究叢書第109 巻 ひつじ書房.

- 沖森卓也・曺喜澈・塚本秀樹他(2014)『〈日本語ライブラリー〉韓国語と日本語』朝倉書店

- 김명숙(1995),「日本語複合動詞 後項에 관한考察」『日本語文学』1日本語文学会

- 김미란(1987),「形容動詞에 관한一考察」『日本学報』9韓国日本学会

- 김상진(1997),「サ変動詞「スル」에 관한考察」『語文学研究』4洋明女子大学

- 김선희(1995),「「について」「に闘して」「に封して」およびその連体表現における意味と用法上の差異の考察」『人文論叢』창원대인문학과연구소

_____ (1990),「現代日本語における「について」「に闘して」「に封して」の 用法上の差異についてアンケート調査を中心に」『語学研究』30東北大学

_____ (1995),「動詞から派生した後置詞の機能について」『日本語文学』1 日本語文 学会

• 김승한(1986),「漢字語〜する」動詞와「漢字語〜되다」動詞의 封応闘係考察」

• 『濟州大論文集』22(人文学篇)濟州大学校

• 김영권・斉藤明美(1996),「韓国語話者が間違えやすい日本語名詞・形容詞・動詞の誤用例を中心に」『韓林専門大論文集』26輪林専門大学

• 김완식(1993),「動詞「하다」와「する」의 対照研究形式動詞와 代動詞를 중심으로『晩光朴熙泰教授停年退任記念論叢』同刊行委員会

• 김원호(1990),「「お〜になる」型と「れる」型敬語考』『日本学報』25韓国日本学会

• 김은옥(1994),「日本語・韓国語における漢語の対照研究」『文教大国文』23文教大国語研究室

• 김정란(1995),「韓国語「하면(hamjon)의 研究」」『對照言語学研究』5 大東文化大 文学部人文科学研究所

• 김창규(1995),「形容動詞の位置づけをめぐって」『日語日文学』4大韓日語日文学会

• 금명숙(1995),「日本語複合動詞後項에 관한 考察』『日本語文

学』1,日本語文学会

- 권기수 · 채경희(1987),「韓国語動詞分類試論」『文献探究』19 九州大文学部

- 남영복(1989),「「되다」と「なる」について」『洋明女大論文集』24 洋明女子大学

　　　　(1995),「「한자어 명사+する/하다」의 통사적 측면에 대한 대조연구」『人文科学研究』14 大邱大学校

　　　　(1997),「「～にする」와「～로 하다」의 대조연구」『日語日文学』7 大韓日語日文学会

　　　　(1998),「XがYになる」 구문과 「X가 Y가 되다」 구문의 대조연구」『日語日文学研究』32韓国日語日文学会

- 류용규(1985),「ダ形容詞(形容動詞)의 受容에 대하여」『日本学報』15 韓国日本学会

　　　　(1989),「「形容動詞」의 品詞設定에 関한 考察」『仁川大論文集』14 (綜合篇), 仁川大学校

　　　　(1991),「日本語의 品詞設定에 関한 研究；ダ型形容詞를中心으로」『瑞松李榮九博士華甲記念論叢』同刊行委員会

　　　　(1997),「所謂「形容動詞」と「하다/hada/形容詞韓日封照研究の見地から」『勝山鄭致薫教授定年記念論文集』同刊行委員会

- 박복덕(1995),「品詞分類를中心으로한韓 · 日両国語의 文法比較研究」『翰林専門大論文集』25翰林専門大学

- 박승빈(1935),『조선어학』탑출판사

- 박재권(1983),「変化の結果を表わす「ニなる」と「トなる」について、現代日本語の場合」『中央大国文』31中央大国文学会
  _____(1997),『現代日本語・韓国語の格助詞の比較研究』勉誠社
  _____(1997),「「～になる」와「～となる」」『日本研究』11韓国外大日本研究所
- 배덕희(1985),「韓・日移動動詞に開する研究「가다・오다」「行く・来る」を中心に」『日本学報』15韓国日本学会
- 서성복(1986),「「動詞+動詞」型複合動詞化について「現代国語」の用例分析」『日本学報』16韓国日本学会
  _____(1989),「日本語複合動詞의 結合關係分析」『釜山女子專門大論文集』10 釜山女子專門大学
- 서정수(1986),「동사-하-관한 연구」『延世大学学位論文』
- 신석기(1993),「日本語と韓国語の漢語動詞受動の形態を中心として」『日本語と日本文学』18筑波大文芸言語学系内筑波大国語国文学曾
- 심재기(1982),『국어한자어휘론』박이정출판사
- 안병걸(1988),「日・韓雨語動詞の封照研究漢語サ変動詞と「漢字語+hada」動詞を中心に」『教育学研究科博士課程論文集』14 広島大学院教育研究科
  _____(1989),「日・韓雨語動詞の封照研究日本語「する」韓国語「하다」動詞について」『教育研究紀要』34中国四国教育学会
  _____(1990),「日本語「する」・韓国語「하다」動詞について」

『広島大教育学会会報』25広島大教育学会

- 안희정(1997), 「「漢語サ変動詞」と「慣用的連語」をめぐって」
『日本研究』12 中央大日本研究所

- 양경모(1995), 「동사와 명사의 결합에 관한 대조 고찰, 일본어
와 한국어의 기능 동사 결합을 가지고」『언어학』17 한국언어
학회

- 양순혜(1982), 「現代韓・日両国語の対照比較(Ⅱ)複合動詞を
中心にして」

- 『日語日文学研究』3韓国日語日文学会

- 김광해(1993) 제2장 어휘의 계량 국어어휘론개설 집문당
＿＿＿(2003) 등급별 국어교육용 어휘 박이정

- 김한샘(2005) 현대국어 사용빈도 조사2 국립국어원

- 서상규(2001) 말뭉치의 주석과 한국어 기본어휘의 미빈도 사
전 계량 언어학1, 박이정

- 심재기 외(2011) 2장 국어어휘의 어종 국어어휘론 개설 지식
과교양

- 윤호숙(2007) 한국인 일본어 학습자의 일본어 사전 이용의 문
제점 언어와 언어학39, 한국외국어대학교 언어연구소

- 李忠奎(2012)「日本語と韓国語の複合動詞の類似点-塚本
(2009)の類似点の批判的な検討-」、『日本學報』韓國日本學
會

- 李忠奎(2012)「日本語と韓国語の複合動詞の相違点-塚本
(2009)の相違点の批判的な検討-」、『日本文化學報』54, 65-

81. 韓國日本文化學會

• 李忠奎(2013)「日本語の介在要素有りタイプの動詞結合-格支配という観点からの分析を導入しての下位分類-」、『日本學報』韓國日本學會

金 愛 東

(國立)愛媛(에히메)大学大学院碩士
(國立)広島(히로시마)大学大学院 博士

【논문】
「西洋語起源の外来語受容に関する韓日両言語の対照研究」
「韓国人日本語学習者のための外来語習得の対照研究」
「일본 단기연수를 통한 학습동기 유발 및 일본문화에 대한 태도변
화에 관한연구」
「日本で学ぶ韓国人留学生数の増減に対して韓国経済主要指標が
及ぼす影響の研究」

分論的考察로 본 「하다동사」와 「する動詞」

초판 인쇄 | 2017년 11월 30일
초판 발행 | 2017년 11월 30일

지 은 이　김애동(金愛東)

책임편집　윤수경

발 행 처　도서출판 지식과교양
등록번호　제2010-19호
주　　소　서울시 도봉구 쌍문1동 423-43 백상 102호
전　　화　(02) 900-4520 (대표) / 편집부 (02) 996-0041
팩　　스　(02) 996-0043
전자우편　kncbook@hanmail.net

ISBN　978-89-6764-104-7　93730　　　　　　　　　　정가 12,000원